만화로 쉽게 보는 관상

만화로 쉽게 보는 관상

지은이 이티앤성
옮긴이 신미섭
펴낸이 양동현
펴낸곳 도서출판 나들목
출판등록 제 6-483호
　　　　　02832, 서울 성북구 동소문로 13가길 27 아카데미하우스 2층
　　　　　전화 02) 927-2345　팩스 02) 927-3199

초판 1쇄 인쇄 2019년 3월 25일
초판 1쇄 발행 2019년 3월 30일

ISBN 978-89-90517-36-4 / 07180

www.iacademybook.com

※ 이 책의 한국어 판권은 원저작권자의 독점 계약으로 도서출판 나들목에 있습니다.

이 도서의 국립중앙도서관 출판시도서목록(CIP)은
e-CIP홈페이지(http://www.nl.go.kr/ecip)와 국가자료공동목록시스템(http://www.nl.go.kr/kolisnet)에서
이용하실 수 있습니다. CIP제어번호 : CIP2019010480

만화로 쉽게 보는
관상

이티앤성(易天生) 글·그림
신미섭 옮김

나들목

서문

만화를 인생 최대의 목표로 삼아 온 필자는 단 한 번도 만화가의 길을 포기한 적이 없다. 그러나 몇 년간 다른 사업을 하느라 만화를 중단했다가 다시 시작하려고 마음먹은 지 벌써 1년이 지났다. 한 번도 포기한 적이 없었으니 언제든 시작하면 된다고 생각했다. 그런데 어느 날, 함께 만화를 그리던 동료들을 돌아보니 모두 중국 본토로 진출, 저마다 자신의 작품을 들고 상하이 시장을 선점하고 있었다. 나는 어떠한가? 아직도 원래의 자리에서 발을 떼지 못하고 점점 만화에서 멀어지는 내 모습을 지켜볼 뿐 아닌가? 실망과 상실감이 몰려왔다. 그런데 다행히 하느님이 새로운 기회를 주셔서 다시 만화를 시작하게 되었다. 이번 작품은 필자가 이전부터 그려 왔던 관상학에 관한 것으로, 내용이 간결하고 생동감 있으며, 최소한의 글자로 오관관상학을 표현하고 있다. 이전 작품과 비교하면 학습 효과가 뛰어나서 정말 기대가 되는 작품이다.

만화를 그리는 동시에 현재의 직업을 병행할 수 있었다. 바로 관상학에 만화를 더한 것이다. 근래 공부에 매진하여 20여 권의 명리관상학 저서를 출간하였고, 근 2년 동안은 많은 사람의 관상을 보고 운명을 감정하여 귀중한 임상 경험을 많이 쌓았다. 그 경험을 이 책 『만화로 쉽게 보는 관상(원제; 伍觀大發現)』에 오롯이 담아내었다고 할 수 있다. 근래 쌓은 지식을 만화 형식을 빌려 표현한 것이다. 전에도 유사한 서적을 창작한 경험이 있어 이번 작업은 다소 수월하면서도 익숙한 느낌이 든다. 다만 이번에는 좀 더 쉽고 간단하며 생활과 밀접하게 표현하고자 등장인물을 귀엽게 표현했다. 만화 속 인물의 표정이나 동작을 과장되게 표현하여, 관상이라는 다소 엄숙한 내용을 좀 더 재미있게 나타내고자 했다.

독자 여러분 많이 사랑해 주세요!

목차

서문 10

1 오관상법[五官相法]
들어가며 10

2 눈의 상[眼相]
눈의 상 11
큰 눈과 작은 눈 13
눈이 지나치게 크거나 너무 작으면 14
봉황의 눈은 수려하고 기품이 있다 15
눈이 튀어나오거나 움푹 들어가거나 17
분명한 눈과 흐린 눈 18
도화안 ① 19
도화안 ② 20

3 코의 상[鼻相]
재복은 코에 있다 23
높은 코와 낮은 코 24
코가 높으면 강하고 코가 낮으면 약하다 25
긴 코와 짧은 코 26
큰 코와 작은 코 27
두꺼운 코와 얇은 코 28
코로 중년운을 본다 29
코의 상 자세히 분석하기 30
코의 상 비유법 31
산근 관법 32
연상(年相)과 수상(壽相) 33
연상과 수상의 높고 낮음 34
콧대를 보는 방법 35
안 좋은 콧방울 36
코끝을 보는 법 37
드러난 코는 안 돼! 38

4 귀의 상[鼻相]
귀의 상 41
귀의 두께 42
귓바퀴 43
펼쳐진 귀와 붙은 귀 44
큰 귀와 작은 귀 45
긴 귀와 짧은 귀 46
귀의 색 47
귀 테두리가 파인 경우 48
뾰족한 귀와 늘어진 귀 49
귓불의 유무 50

5 입의 상[口相]
입의 관상법 53
큰 입과 작은 입 54
넓은 입과 좁은 입 55
둥근 입과 네모난 입 56
입꼬리가 뒤집힌 입과 올라간 입 57
두꺼운 입과 얇은 입 58
뾰족한 입과 평평한 입 59
들쑥날쑥한 입 59
입의 다물기 60
치아가 드러나는 입 61
바른 입과 삐뚤어진 입 62
돌출 입과 합죽이 입 63
입술의 색 64
입의 주변 65

6 눈썹의 상[眉相]

눈썹의 상 69
눈썹의 높이 70
긴 눈썹과 짧은 눈썹 71
인당의 넓이 72
치켜 올라간 눈썹과 처진 눈썹 73
굵은 눈썹과 성근 눈썹 74
가지런한 눈썹과 어지러운 눈썹 75
눈썹머리의 넓이 76
일직선 눈썹과 굽은 눈썹 77
눈썹머리에 역방향으로 자란 눈썹이 있으면 78
귀신 눈썹과 소용돌이 눈썹 79
칼 눈썹과 검 눈썹 80
장수 눈썹과 단촉 눈썹 81
끊어진 눈썹과 갈라진 눈썹 82

7 오관 궁합[五官宮合]

눈썹과 눈의 조화 : 친구, 형제, 애정을 본다 85
눈과 눈썹의 맑음과 탁함 86
눈과 눈썹의 부조화 87
눈썹이 낮아 눈을 누르면 88
눈과 코의 조화 : 사업과 재운을 본다 89
눈이 악하고 콧마디가 드러나면 90
눈과 코가 조화를 이룬 상 91
코와 입의 조화 : 건강, 신체, 기백을 본다 92
코와 입의 넓이 비교 93
코는 강한데 입이 약하면 94
코와 입의 거리 95
입과 귀의 조화 : 의식와 복록을 본다 96
귀의 중요성 97
귀와 입이 조화롭지 못하면 98
귀와 눈썹의 조화 : 현명함과 어리석음을 판단한다 99
귀가 눈썹보다 높으면 100
선천적 재주는 귀를 보고 후천적 재주는 눈썹을 본다 101

8 오관 핵심[五官核心]

오관의 '핵심'으로 판별하라 104

9 삼정[三停]

삼정 관상법 107
인당(印堂)과 인중(人中) 108
인당과 인중 : 운명의 열쇠를 잡다 109
상정 관상법 110
중정 관상법 111
하정 관상법 112

10 육부[六府]

육부 115
상부관상법 116
결함이 있는 상부 117
중부의 관상법 118
광대가 낮고 코가 작으면서 중부가 넓은 상 119
하부 120
하부와 입 121

1

五官相法
오관상법

들어가며

관상은 얼굴을 잘 관찰하는 데서 시작된다. 매일 여러 사람의 얼굴을 보고 연습하는 것은 관상 공부에 큰 도움을 준다. 주위 사람들의 얼굴을 잘 관찰하면 재미있고 확실한 사건을 발견해 낼 수 있다.

꿍꿍이가 다르네

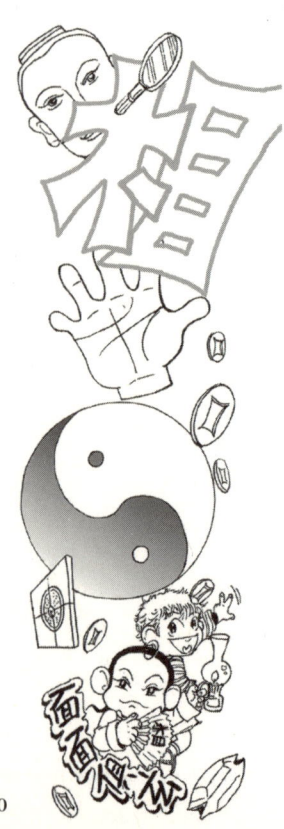

2

眼相
눈의 상

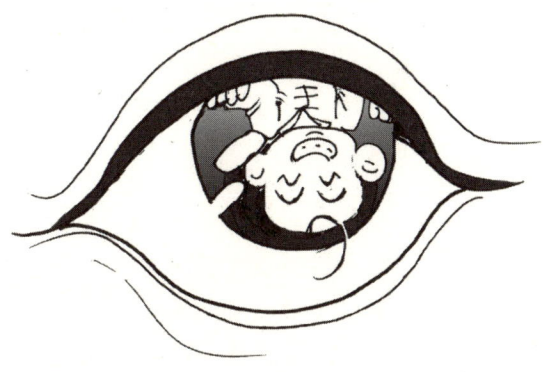

큰 눈과 작은 눈

눈이 작은 사람은 내성적이고 보수적이다. 이성적이고 세심하며 관찰력이 뛰어나다. 덜렁대지 않는다. 막역하게 지내는 사람은 별로 없다. 눈이 너무 가는 것은 좋지 않다. 눈이 작고 둥근 사람은 쩨쩨하다. 무엇을 생각하는지 알 수 없다. 진취적이지 못하고, 교활하기도 하다. 가늘면서 긴 눈은 수려한 눈으로 귀격을 상징한다. 기지가 있고 침착하다.

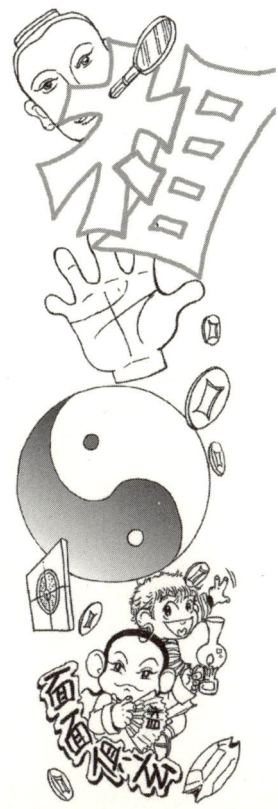

눈이 지나치게 크거나 너무 작으면

눈이 지나치게 커도 좋지 않다. 지나치게 크면 감정적으로 일을 처리하고 충동적이며 승부욕이 강하다. 눈이 적당히 큰 사람은 감정이 풍부하고 열정적이고 능동적이며 의욕이 있다. 타인에게 진심으로 감동을 주며 인연이 좋은 편이고 인정을 받는다. 눈이 큰 사람이 눈동자가 작으면 기질이 매우 강하고 전투적이다. 특히 눈이 매우 큰 반면 눈동자가 작으면 시시비비를 지나치게 따진다. 특히 눈이 둥글어 밖으로 돌출된 사람은 재앙이 따르기 쉽다.

선글라스로 막아라

사부님이 눈 큰 사람을 찾아보라고 했는데…

사부님, 눈이 지나치게 큰 사람은 못 찾겠는데요.

찾을 필요 없다. 바로 네 눈이 흉한 눈이야!

네? 그럼 어쩌지.

이 행운 선글라스를 사서 쓰면 된다. 한 개에 5천 원!

봉황의 눈은 수려하고 기품이 있다

눈이 길면서 가는 것을 '봉황 안'이라고 한다. 귀격이다. 사고가 정밀하여 중책을 맡길 수 있다. 두뇌 회전이 빠르고 일머리가 있다. 눈두덩은 꺼지지 않고, 아래 눈꺼풀에 살이 있어 두둑해야 중년이 되어서 운이 필 수 있다. 이런 사람은 침착하고 기지가 있으며 감정을 중시한다. 가는 곳마다 귀인이 있어 도움을 준다. 그래서 사업과 가정에서 모두 좋다.

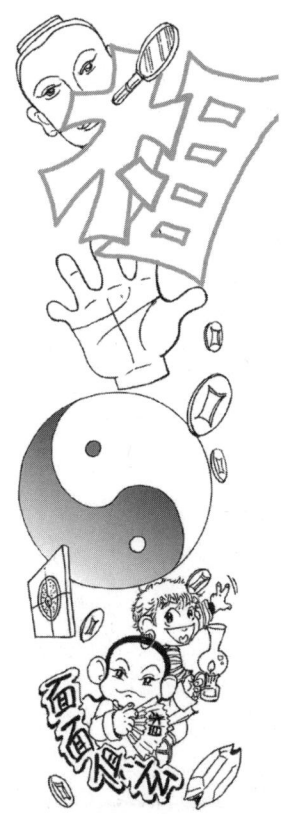

없으면 만들면 되지 뭐!!

눈이 길고 가늘면 고귀한 기운이 있다. 대담하면서 세심하다.

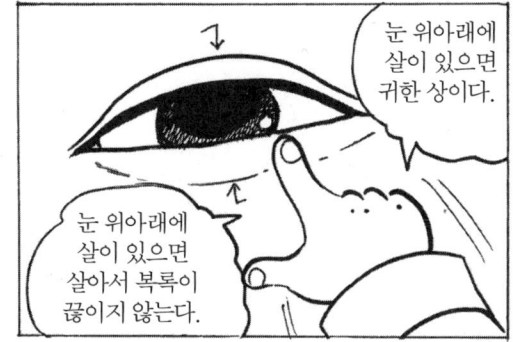

눈 위아래에 살이 있으면 귀한 상이다.

눈 위아래에 살이 있으면 살아서 복록이 끊이지 않는다.

엥? 쟤는 또 뭘 하는 거야?

사부님, 잘 그렸지요? 내 눈도 엄청 귀티 나네.

둥근 눈과 네모난 눈

둥근 눈을 가진 사람은 감정적으로 일을 처리한다. 성질이 좋지 않아 주위 사람과 잘 어울리지 못하며 작은 일에도 화를 낸다. 대담하여 모험을 좋아하므로 다치기 쉽다. 네모난 눈이란 눈꺼풀이 처져서 네모 모양이 된 것이다. 현실적이며 다른 사람과 잘 따진다. 모든 일에서 항상 기회를 잡으려 하므로 자신은 긴장하고 타인에게는 스트레스를 준다. 그래서 사람들의 반감을 사기도 한다. 눈이 둥글고 눈동자가 큰 사람은 천진하고 활발하다. 눈이 네모나고 눈동자가 작은 사람은 악독하고 간사하므로 반드시 멀리해야 한다.

돈을 안 주니 이상하지

눈이 튀어나오거나 움푹 들어가거나

눈이 밖으로 돌출된 사람은 성미가 급하고 참을성이 없다. 감정 조절이 힘들며 충동적이다. 눈알이 튀어나올수록 이런 성향이 강하다. 따라서 이런 사람은 반드시 감정을 조절할 줄 알아야 운이 좋아진다. 눈이 움푹 들어간 사람은 겉으로는 유순하나 속은 검으며 감정이 불안정하다. 병이 있어 약을 먹을 경우 눈이 더 들어갈 수 있다. 따라서 반드시 낙관적인 태도와 적극성을 가져야 감정 조절이 가능해지고 운이 좋아진다.

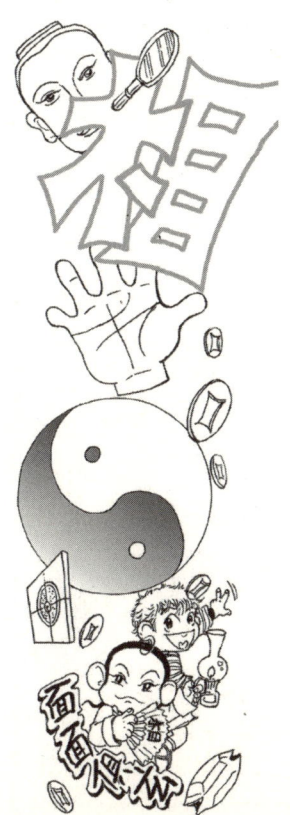

분명한 눈과 흐린 눈

눈이 분명하다는 것은 검은 눈동자와 흰자위의 경계가 분명하고 맑고 밝은 것이다. 이런 사람은 운이 제대로 돌아가고 있고, 중책을 맡을 수 있는 강건한 정력과 육체를 가졌다고 볼 수 다. 두뇌가 뛰어나고 냉철하며 업무 능력이 뛰어나다. 반대로 흰자위가 혼탁한 사람은 명석하지 못하고 일을 대충하며 뒤처리가 흐리고 목표가 명확하지 않다. 자신감이 없고 자신의 능력을 과신하여 실패할 때가 많다.

내 마음 나도 몰라

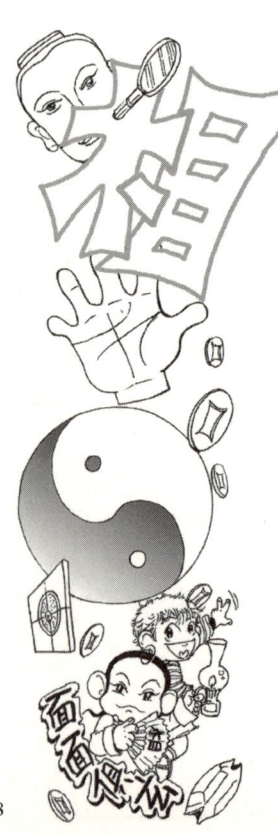

도화안 ①

도화안은 종류가 많다. 긍정적인 면도 있고 부정적인 면도 있다. 우선 취기 어린 도화안과 살기 어린 도화안으로 나눌 수 있다. 취기 어린 도화안은 두 눈이 항상 취한 듯 반쯤 감겨 있어서 이성에게 신비함을 준다. 그러나 이런 눈을 가진 사람은 본래 늘 감정을 추스를 줄 몰라서 곤란함을 겪는다. 살기 어린 도화안은 아주 흉한 상으로, 폭력적인 경향을 보이며 늘 이성 문제를 일으킨다.

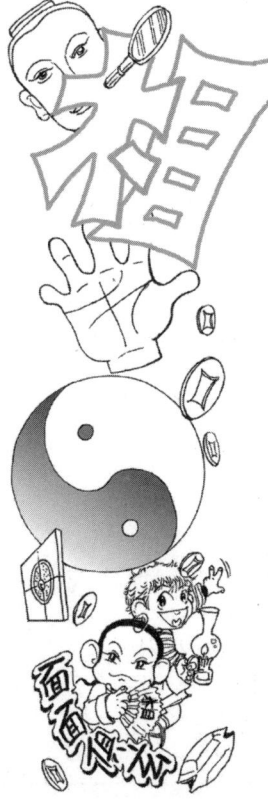

들꽃을 함부로 꺾지 마!

도화안 ②

또 다른 종류는 눈빛이 무력하고 눈동자가 위로 들려서 흰자위가 노출된 도화안이다. 이런 눈을 '뜬 도화안'이라고 한다. 이런 눈을 가진 사람은 정서가 극도로 불안하고 감정이 쉽게 변하여 마음이 늘 흔들린다. 매번 마지막 고비에서 애정 상대에게서 도피하며, 많은 인연을 만나지만 결과가 없다. 다른 하나는 '늘어진 도화안'으로, 감정 표현에 소극적이고, 애정을 중시하지 않고 쾌락만을 좇는다. 책임감이 부족하여 인연은 많지만 흐지부지 끝나 버린다. 매번 진정한 사랑이 아니다.

진짜 도화

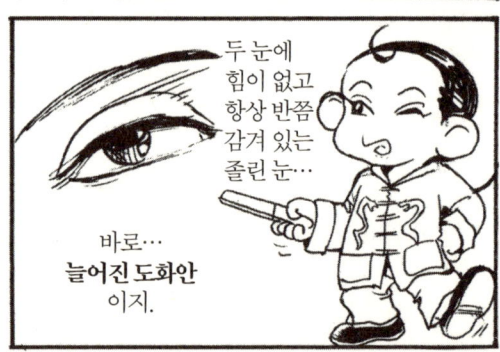

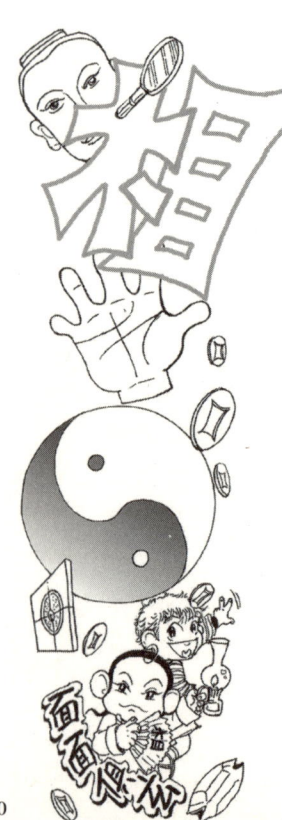

3

鼻相
코의 상

재복은 코에 있다

부귀와 빈천은 코에 달려 있다. 코는 얼굴에서 가장 중요하고 특출한 부분이다. 옛날부터 "부유함은 코에 달려 있다"라는 말이 있다. 그래서 재물운을 물으려거든 반드시 코를 관찰하라고 했다. 그러면 어떤 모양의 코가 좋은 코인가? 코를 관찰하는 기준은 코의 길이, 높이, 크기 그리고 두께이다.

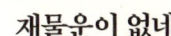

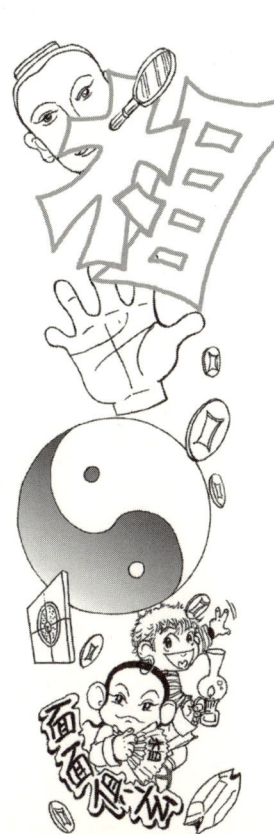

높은 코와 낮은 코

코가 높은 사람은 현실적이고 담대하며 자신이 있다. 기회를 중시하고 적극적으로 행동한다. 돈을 벌려고 결심하면 목표를 향해 매진하고 포기하지 않는다. 돈을 벌 때까지 끈질기게 일하므로 돈을 벌 수 있다.

코가 낮은 사람은 자유로움을 좋아하고 명리를 추구하지 않으며 때로 자신감이 부족하다. 패기와 꾸준함이 부족하며 어린애와 같은 마음이 있다. 유순하여 친구가 많지만 재물운은 보통이다.

재물이 생기는 방법

코가 높은 사람은 강하고 코가 낮은 사람은 약하다

재운이 강한 사람과 친하면 쉽게 돈을 벌 수 있을 것이라고 생각하는 사람들이 있다. 그런데 코가 높은 사람은 개성이 강하고 경쟁을 좋아하며 남을 제압하려는 경향이 커서 막상 그의 상대가 되면 업신여김을 받기 쉽다. 반대로 코가 작은 사람은 코의 크기가 비슷한 사람과 친구를 해야 마음이 맞고 함께 의지하고 격려하여 더욱 운이 좋아질 수 있다. 사실 코가 높은 사람이 코가 낮은 사람을 통제하는 경우가 많은데, 이런 상황은 현재 서양인이 장기적으로 시대 조류를 주도하고 경제와 정치를 통제하는 것을 보아도 알 수 있다. 강자가 선점하는 것이 바로 인류 사회 약육강식의 원리이다.

주판을 잘못 튕겼네

출세의 묘법이 생각났다!

사부님, 제가 나가서 돈 벌어 올게요.

내 그럴 줄 알았다.
사부님, 안 되겠어요. 어떻게 하지요?

왜 진작 말씀 안 했어요?
원래 코가 강한 사람이 코가 약한 사람을 잡아먹기 마련이야.

긴 코와 짧은 코

코가 긴 사람은 어렵고 힘들어도 견디는 마음이 있다. 주관이 뚜렷하고 고집이 있으며 객관적인 환경에 신경 쓰지 않는다. 해야 할 것과 하지 말아야 할 것을 정확히 안다. 그렇기 때문에 사람들의 존경을 받기도 한다. 상대적으로 코가 짧은 사람은 제멋대로며 아이처럼 행동하기도 한다. 끈기가 부족하여 쉽게 포기하고 체력도 약하며, 자신에 대한 요구도 높지 않다. 그래서 재운이 와도 출신이나 가문이 특별히 좋지 않으면 코가 긴 사람보다 성취를 이루기 힘들다.

자기도 속이고 남도 속이고

코가 길면 꾸준함이 있다.

흥, 늦게 일어났구먼.

코가 짧으면 제멋대로 하는 경향이 있다.

그건…

우리는 코가 없으니 어떻게 봐야 하나요?

이렇게 긴 코를 붙이면 되잖아요.

큰 코와 작은 코

강자의 코는 모두 높고 길고 큰 것 같지만 이 세 가지 조건 이전에 먼저 보아야 할 것은 얼굴이 넓어야 한다는 것이다. 코가 큰 사람은 코가 크면서 반드시 얼굴도 넓어야 한다. 코가 크고 얼굴이 넓은 사람은 용기가 충만하고 자신감이 있어서 미래를 개척할 줄 알고 큰일을 도모할 줄 한다. 코는 큰데 얼굴이 좁으면(코만 우뚝하면) 독불장군이고 자기중심적이다. 다른 사람과 섞이기 힘들며 도움을 받기도 힘들다. 얼굴이 크고 코가 작으면(코가 함몰되어 있으면) 주로 중년운이 없다. 담이 작고 일하는 것을 두려워한다. 남에게 업신여김을 받으며 큰 일을 이루기 어렵다.

배우는 건 힘들어

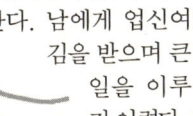

두꺼운 코와 얇은 코

좋은 코와 나쁜 코를 나눌 때, 크고 튼실하다고 반드시 좋다고는 할 수 없다. 반드시 살이 있는지 없는지 보아야 한다. 코가 작지만 살이 두터우면 일생 평안하고 즐겁다. 코가 크지만 살이 없어 뼈가 드러나는 사람보다 훨씬 좋다. 왜냐하면 이런 사람은 일생 고난이 많고 편안함과 즐거움이 적기 때문이다. 코가 두툼하면 두툼할수록 재운이 안정적이고 코에 살이 없으면 없을수록 재운이 들쑥날쑥하다. 코가 크고 두터운 사람은 반드시 재운이 좋다.

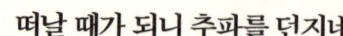

떠날 때가 되니 추파를 던지네

할 수 없군. 코를 보는 가장 중요한 법을 알려줄게. 네가 가 버리면 사람들이 나를 얼마나 욕하겠어.

薄 — 얇음은 뼈가 보이는 것

厚 — 두터움이란 살이 풍성한 것

코가 두툼하면 코가 높은지 낮은지는 안 봐도 돼.

엥? 어디 갔지?

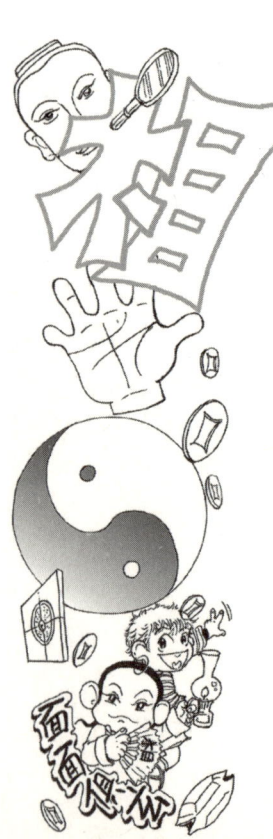

코로 중년운을 본다

코가 중요한 이유는 코가 차지하는 부분이 관상에서 40세에서 50세 사이이기 때문이다. 이때는 인생에서 가장 중요한 시기이며, 인생의 성패와 득실 그리고 일을 성취 여부가 코에 나타나기 때문이다. 코가 잘생기면 그 사람은 중년에 운이 핀다. 이 점을 항상 염두에 두고 보아야 한다.

의외의 소득

흥! 사부님을 인간미라고는 전혀 없어.

내가 우연히 이 방을 발견했다고.

책이 이렇게나 많네!

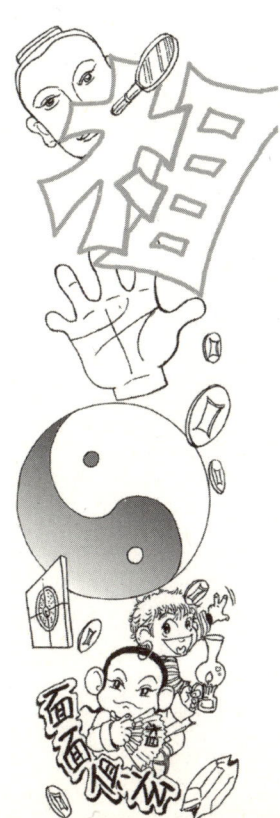

이 책은 관상비급이구나. 코에 이렇게 많은 정보가 있는데 사부님은 코딱지만큼만 가르쳐 주고. 쩨쩨하기는…

코의 상 자세히 분석하기

코의 관상을 보는 데는 사실 비결이 있다. 사람마다 코는 다 다를 뿐만 아니라 모양이 제각각이어서 옛날 관상서는 코의 모양을 여러 가지 형상으로 제시하고 있다. 예를 들어 사자의 코, 소의 코 등등이다. 그러나 코는 반드시 여섯 부분으로 나누어서 각 부위의 의미를 하나하나 이해해야만 정확하게 관상을 살필 수 있다.

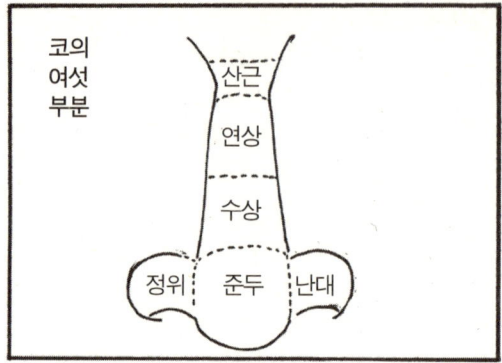

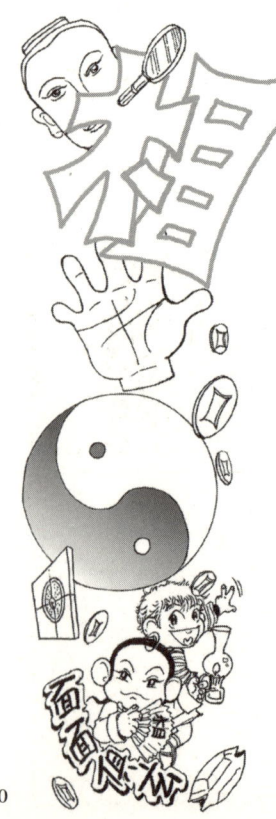

코의 상 비유법

코는 하나의 산에 비유된다. '산근'은 산기슭이고 '연상'은 산허리이며 '수상'은 산꼭대기 부분이고 '준두'는 산봉우리이며 '난대'는 좌측의 동굴이고 '정위'는 우측 동굴이다. '산근' 즉 산기슭은 크고 기운이 있어야지 좁아서는 안 된다. '연상' 즉 산허리는 넓고 풍부하며 무성해야 한다. '수상' 즉 산정상은 반드시 위로 높게 솟아 구름을 찌를 듯한 기세가 있어야 한다. '준두'는 산봉우리로, 둥글고 풍만해야 한다. '난대'와 '정위'는 양쪽 콧방울을 말하며 에워싸 있고 풍만해야 한다. 콧구멍은 반드시 감추어져야지 드러나면 안 된다.

관상 비급

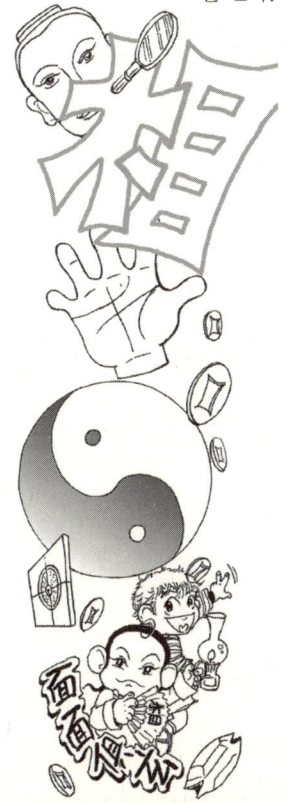

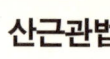

산근관법

산근은 그 사람의 뿌리를 나타낸다. 어렸을 때 생성된 경제적 기초 정보가 담겨 있으며, 재능의 도입부이므로 넓고 트여야 한다. 살이 있으면서 넓고 푹 꺼지지 않으면 기가 있는 것이다. 기는 위로는 이마를 연결하고 아래로는 콧대로 연결되므로 이런 사람은 집안이 좋고 운이 이상적이며 도와주는 사람이 많다. 가정의 도움이 많아서 재운이 일찍 잘 소통된다. 반대로 산근이 낮고 꺼져 있거나 끊어지거나 좁으면 육친의 도움을 얻지 못할 뿐 아니라 어떤 일을 해도 남보다 어렵다.

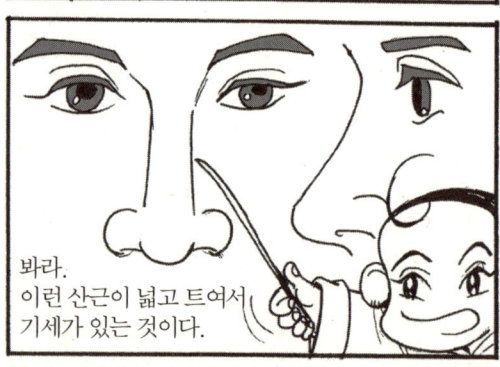

연상(年相)과 수상(壽相)

이 두 부위는 전체 코의 중앙에 있어서 높고 곧으며 살이 있어야 한다. 가장 좋지 않은 것은 뼈가 드러날 정도로 살이 없는 것이다. 두 번째로 안 좋은 것은 낮고 함몰되며 끊어진 것이다. 이 부위로 용기가 있는지 뻗어 나가는 힘이 큰지 볼 수 있다. 재운이 왕성한지 운세가 강한지 등도 볼 수 있다. 그래서 매우 중요한 부분이다. 연상과 수상이 높고 곧으면 쉽게 성공할 수 있으며 끊어진 사람은 충동적이다. 낮고 꺼진 사람은 자신감이 없으며, 뼈가 드러나 살이 없는 사람은 형극을 당하는 경우가 많고 실패하기 쉽다.

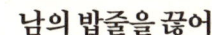

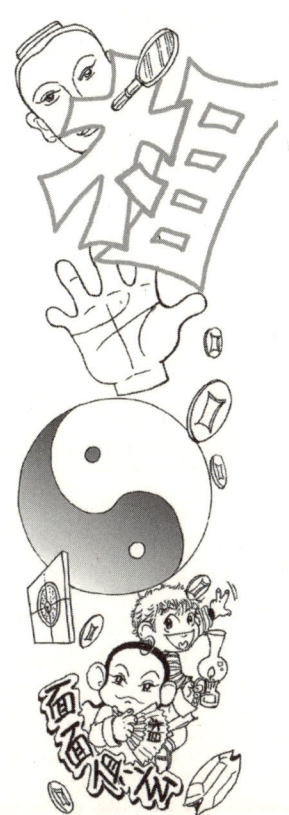

연상과 수상의 높고 낮음

연상과 수상 두 부위를 합쳐서 '연수(年壽)'라고 한다. 반드시 같이 봐야 한다. 이 부위가 높고 곧다고 반드시 좋은 것은 아니다. 약간 낮지만 발달되어 있을 수 있다. 뼈가 드러나지 않고 살로 감싸져 있는 경우로, 이런 사람은 신용이 있고 충실하며, 건강하고 낙관적이다. 반대로 콧대가 높고 곧지만, 살이 부족하면 그 사람은 평생 고생할 운명이며 매일 애써 일하지만 편안함이 적고 몸에 잔병이 많아서 돈이 있다 해도 복을 받기 어렵다.

콧대를 보는 방법

콧대는 발달하고 풍만해야 한다. 콧대는 돈을 버는 능력을 나타내는 곳이기 때문이다. 풍만하고 두터울수록 큰돈을 벌 기회가 있고, 뻗어나가는 힘과 강건함, 용맹함이 있다. 때에 따라서는 너무 허세를 부려서 사람들의 시기 질투를 불러일으킨다. 그러나 아무런 두려움 없이 승부수를 띄우고 대담하게 돈을 벌어 재운은 특히 좋다고 할 수 있다. 단지 가끔 크게 성질을 부리고 약간 오만한 기세로 남을 깔보며 너무 체면을 중시하는 것이 약점이다. 코의 관상은 조화가 중요하다. 살이 풍부하고 두꺼운 콧대를 가진 사람은 연수가 약간 낮거나 산근이 낮고 좁아도 재운이 좋아질 기회가 있다.

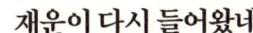

재운이 다시 들어왔네

좋지 않은 콧방울

콧방울이 지나치게 작으면 융통성이 없고 보수적이며 큰 뜻이 없는 사람이다. 콧방울이 아래로 흐르는 사람은 재주가 없고 배움이 적으며, 소극적이고 해이한 면이 있어서 부귀와는 인연이 없다. 콧대가 곧고 풍만해도 큰 부를 이루지 못한다. 대부분 박정하고 적은 재물을 탐하는 자이다. 또 콧구멍이 지나치게 크고 밖으로 드러나는 코는 운이 매우 부족한 코의 관상으로, 돈을 벌 수 없고 돈 씀씀이가 헤프며 재테크에 어둡다. 콧구멍이 지나치게 얇고 작으며 삼각형을 이루는 사람은 영락없는 수전노이고 실리주의자이다. 가장 좋은 콧구멍은 크기가 적당해야 하며, 약간 크더라도 지나치게 팽팽하면 안 된다. 가장 중요한 것은 정면에서 콧구멍이 보이지 않아야 한다. 즉 콧구멍이 드러나면 안 된다. 좋은 콧구멍을 가진 사람은 돈이 있으며 돈을 굴리는 능력이 강한 사람이다.

돈 있는 코

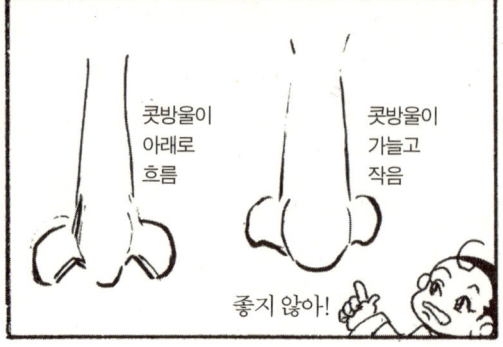
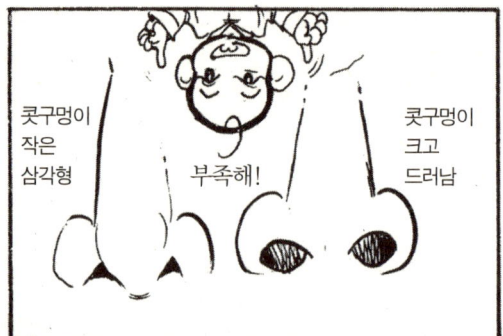

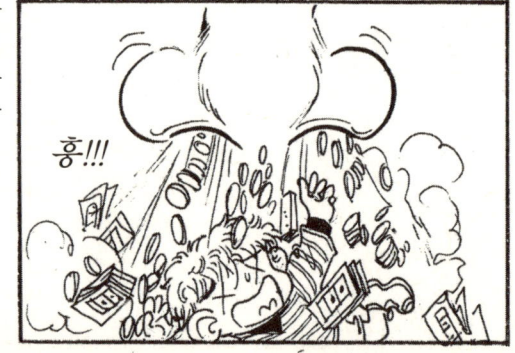

코끝을 보는 법

코는 매우 중요한 부위이다. 그 가운데 코끝을 '준두(準頭)'라고 하는데 반드시 살이 풍부하고 두터워야 한다. 풍성한 준두는 재물을 모으는 능력이 뛰어남을 나타낸다. 약하고 작고 살이 없으면 재물을 모으기 어렵다. 준두는 둥글고 클수록 좋다. 이런 사람은 마음이 좋고 신의가 있는 사람이다. 반대로 코끝이 뾰족하고 작은 사람은 마음씨가 좋지 않고 평판이 좋지 않다. 준두에 살이 풍성하고 두꺼운 사람은 평생 재운이 안정적이고 먹고 입는 것에 걱정이 없으며, 준두가 약한 사람은 대부분 일생 기복이 심하여 일생의 3은 빈곤하고 5는 부유하다.

갑론을박

사부님, 코를 볼 때 또 어디가 중요한지 저는 알고 있어요.

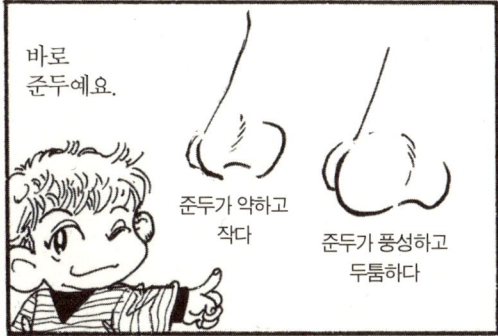

바로 준두예요.

준두가 약하고 작다

준두가 풍성하고 두툼하다

준두가 뾰족하고 작은 사람은 간사해요.

준두가 뾰족하고 작다

준두가 둥글고 크다

틀렸어. 이런 사람은 적극적이고 진취적이며 용감하게 도전하지. 무슨 일이든 잘못하는 법이 없지.

드러난 코는 안 돼!

코에서는 두 가지를 조심해야 한다. 첫 번째는 뼈마디가 드러나는 코이고, 두 번째는 코털이 드러난 코이다. 콧등에 뼈마디가 드러난 사람은 성격이 매우 강하고 충동적이며 남에게 숙일 줄 모른다. 무모하여 쉽게 파탄을 초래한다. 콧구멍이 드러나 코털이 삐져 나온 것 역시 크게 꺼리는 것으로, 남는 돈이 없고 손해를 보며 세심하지 못하고 덜렁대는 사람이다.

두 가지가 드러난 코

사부님, 주의해야 할 점 두 가지를 알고 있어요.

코뼈가 드러난 코는 피해라.

코뼈가 드러나면 혼인과 사업에 영향을 준다. 중년에 장애가 많다.

어쭈, 날 가르치려 드네.

또 콧구멍이 노출되어 코털이 삐져나오면 중년에 재운이 깨지고 어려움이 많지요.

4

耳相
귀의 상

귀의 상

귀는 오관 중의 하나로, 주로 한 사람의 복력(福力)을 나타낸다. 복력이란 무엇인가? 바로 재운과 부모형제복을 가리킨다. 귀가 잘생기면 금전운이 좋고, 가족 간에 정에 있고 친화력이 좋다. 반대로 귀의 생김이 부족하면 복력이 부족하여 돈이 있어도 복을 받기 어려우며 가족과도 화합이 어렵다. 귀를 통해 건강을 살필 수도 있다. 귀는 신장에 해당하므로 신장이 강하면 귀가 크고, 복이 두터우면 귀도 반드시 크다. 귀가 긴 사람은 남과 달라서 리더의 재능이 있고 정력이 충족하다.

진상을 알아내다

사부님, 코의 관상에서 아직 말씀하지 못한 게 있나요?

다 했다. 내일부턴 귀의 상이다.

내일부터 귀의 상을 배우니 이 비급을 먼저 봐야겠군.

이리 내놔!

어쩐지 이상하더라. 남의 책을 훔쳐봤으니 벌금 천 원이다.

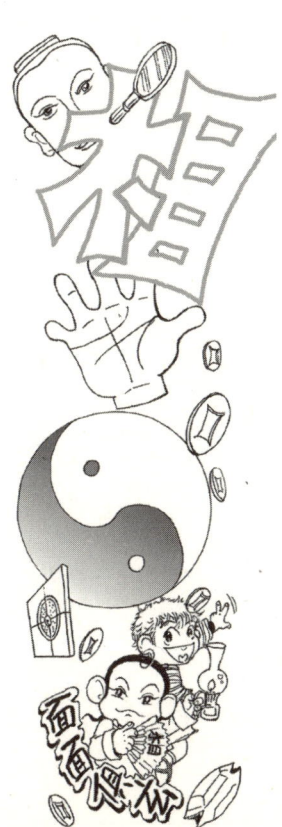

귀의 두께

귀의 상을 볼 때 우선 두께를 보아야 한다. 두께는 귀의 모양보다 훨씬 중요하다. 두꺼운 귀는 건강이 양호하다. 반대로 귀가 얇으면 신체가 건강하지 못하다. 귀가 두꺼운 사람은 대부분 초년에 가정과 부모의 사랑을 받으며, 귀의 모양이 다소 부족해도 반드시 부유한 집안에 태어나고 처한 환경이 남달리 좋다. 귀가 얇은 사람은 대부분 빈천한 집안에서 태어나고 어려서부터 신체가 허약하고 병이 많다.

얇은 귀 두꺼운 귀

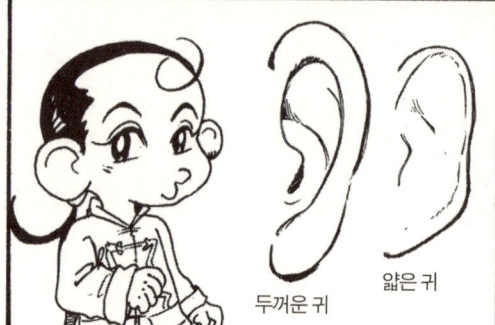

두꺼운 귀   얇은 귀

사부님이 감옥에 가서 죄수들의 귀의 상을 보라고 하셨지.

감옥에 있는 범죄자들은 귀가 크지만

대부분 못생겼고 얇으며 기형이 많네요.

아마도 먹는 게 부족해서 영양실조일 거야!

귓바퀴

두 번째로 봐야 하는 것은 귀의 테두리이다. 귀의 바깥쪽에는 반드시 테두리가 있어야 한다. 밖에서부터 말아 들어가야 하며 두꺼울수록 좋다. 이는 좋은 가정에서 양육되었음을 의미한다. 가장 꺼리는 것은 귀의 테두리가 없이 밖으로 드러난 것이다. 또 귀 가운데 부분 역시 매우 중요하다. 안으로 감추어져야 있어야 하고 밝고 색이 좋아야 한다. 가장 좋지 않은 것은 뒤집혀서 밖을 향하여 있고, 귀 테두리 밖으로 튀어나간 것이다. 테두리가 없는 귀와 가운데가 튀어나온 귀는 어렸을 때 힘들고 고난이 많은 상이다. 힘든 상황에서는 귀의 윤곽이 밖으로 뒤집힌 정도에 따라 그 정도를 판단할 수 있다.

돈을 내야지

이것이 테두리가 있는 귀와 없는 귀의 구별이다.

가운데가 튀어나온 귀

저놈은 가르치지 말아야지!

가운데가 감추어진 귀

망할 놈, 몰래 엿듣고 있나! 당장 꺼져.

사부님, 제가 지난번에 돈을 조금밖에 못 드렸는데 지금 전부 드릴 테니 계속 가르쳐 주세요.

펼쳐진 귀와 붙은 귀

정면에서 봤을 때 귀는 펼쳐져 있거나 머리에 붙어 있다. 이것은 성격이 상반됨을 의미한다. 귀가 앞으로 부채처럼 펼쳐진 사람은 분수를 모르고 어렸을 때 장난이 심한 편이다. 사소한 일에 구속되지 않고 약간은 대담하며 때로는 본분을 망각하고 제멋대로 행동한다. 부모가 돌보기 힘든 유형이다. 귀가 뒤쪽을 향해 있고 뒷머리에 붙어 있는 사람은 말 잘 듣는 아이로, 성격이 온순하고 조용하다. 동정심이 있고 선량하며 부모에게도 효도한다. 장차 자선가가 될 수도 있다.

피차일반

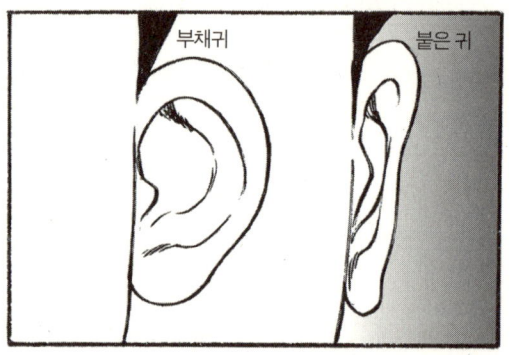

큰 귀와 작은 귀

귀가 크면 건강하고 장수할 수 있다. 힘과 패기가 있다. 귀가 작은 사람은 세심하고 영리하며 생각이 깊다. 중요한 것은 귀의 크기가 아니라 두께이다. 귀가 얇으면 복이 적고 신체가 허약하고 병이 많다. 일반적으로 귀가 큰 사람은 과묵하고 안정적이며, 귀가 작은 사람은 불안정하지만 반응은 민첩하다.

과장

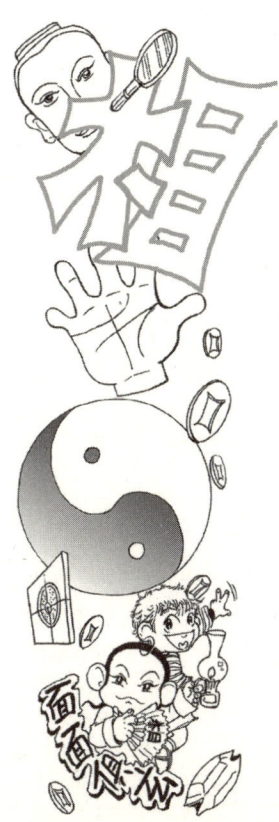

긴 귀와 짧은 귀

귀가 긴 사람은 건강이 특히 좋다. 총명하고 자신감이 충만하여 중책을 맡을 수 있다. 귀가 길면서 두꺼운 사람은 위대한 이상을 가진 사람이다. 복이 많고 명도 길어 남들보다 좋아 100세까지 장수할 수 있다. 반대로 귀가 짧은 사람은 총명함이 부족하고 평범하며 특출 나지 않다. 너무 짧으면 유년 시기에 병이 많고 지혜가 부족하다.

실습

귀의 색

귀의 색은 현재의 운세를 반영한다. 건강 상태를 반영하기도 한다. 가장 좋은 것은 붉고 윤이 나는 귀이다. 이런 귀를 가진 사람은 건강하고 유쾌하며 낙관적이고, 적극적이며 일 처리가 정확하고 머리가 명석하다. 귀가 희면서 윤이 나는 사람도 운이 좋은 편이다. 귀가 얼굴보다 흰 사람은 지극히 총명하다. 어려서부터 타고난 재주가 있고 남들보다 출중하다. 심지어 천재 소리를 들을 수 있다.

실습 모델

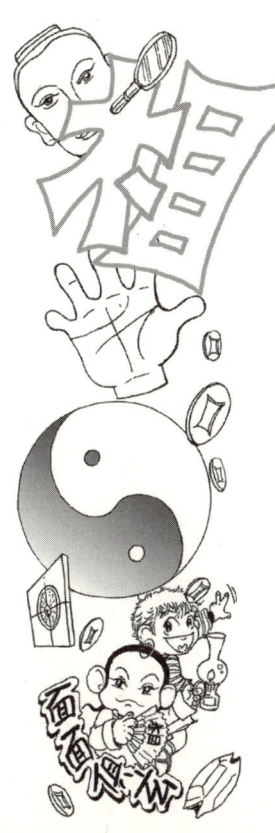

귀 테두리가 파인 경우

귀의 상(相)에서 꼭 보아야 할 것은 귀의 바깥 테두리가 반드시 완전하고 둥글어야 한다는 것이다. 울퉁불퉁하거나 파이면 안 된다. 귓바퀴는 초년운에 큰 영향을 준다. 귓바퀴가 파이거나 울퉁불퉁하면 유년기에 생명의 위기를 겪거나 병을 앓기 쉽다. 근본이 천박하고, 가운이나 부모와의 인연이 부족하다. 귓바퀴가 둥글면서 완전하여 파인 곳이 없는 사람은 초년에 가운이 순조롭고 윗사람의 도움이 많다.

귀 테두리

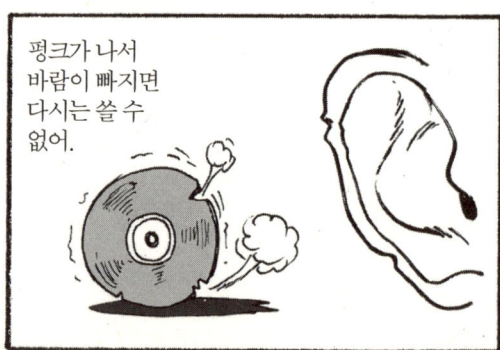

뾰족한 귀와 늘어진 귀

귀의 윗부분으로 그 사람의 생각을 읽어 낼 수 있다. '행동력의 표상'이라고도 할 수 있다. 어떤 사람은 귀의 윗부분이 뾰족하고 날카로운데 이런 사람은 교활하고 변화에 능통하며, 상상력이 특이하게 풍부하다. 귀의 윗부분이 늘어져 힘이 없으면 유약하고 소극적이다. 자존감이 낮고 쉽게 포기한다. 일을 성사시키기 어렵다.

화성인

뾰족 귀는 한 번도 본 적이 없는데요.

네가 못 봤다고 없는 게 아니야.

와~ 저기 가서 찾아 봐야지.

화성이에요. 화성인들은 귀가 뾰족해요.

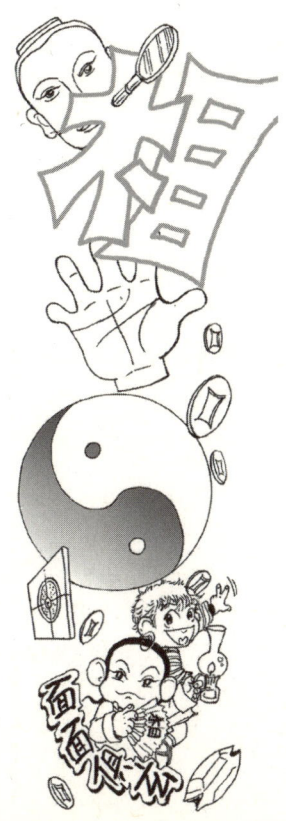

귓불의 유무

귓불이 크면 클수록 복이 있다. 인연이 좋고 자애롭다. 유쾌하고 즐겁게 생활하며 좋은 기운이 있어서 어려움을 만나도 길한 방향으로 돌릴 수 있다. 재운도 좋으며 힘들지 않게 돈을 번다. 반대로 귓불이 없는 사람은 인간관계가 좋지 않고 복이 부족하며 사람이나 일 때문에 인생을 즐기기 어렵고 때때로 답답하여 즐겁지 않다.

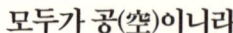

모두가 공(空)이니라

이런 귀를 가진 사람은 복이 많다.

복이 없어!

사부님, 제가 발견했어요!

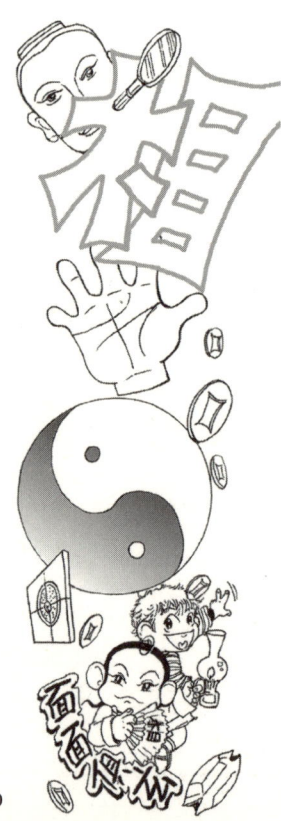

불상은 모두 귓불이 크니 부처님은 복이 많겠네요.

5

口相
입의 상

입의 관상법

입은 마음의 소리와 음식을 나타낸다. 매우 중요하다. 병은 입으로 들어가고 화는 입에서 나온다는 말이 있다. 말을 할 때는 반드시 주의해야 한다. 관상을 봐 줄 때는 특히 조심해야 한다. 함부로 말하여 타인의 오해를 사지 말아야 한다. 상대를 돕겠다는 마음을 품고 적극적이고 낙관적으로 관상을 봐 주면 자연적으로 상대에게 복을 줄 수 있으며, 정확하게 관상을 볼 수 있다. 또한 의미 있는 일이 된다.

말조심

명심해. 말을 신중하게 해야 된다.

걱정하지 마세요. 저는 앞으로 아무 말도 안 할 거예요. 괜히 말했다가 무슨 봉변을 당할지 모르니.

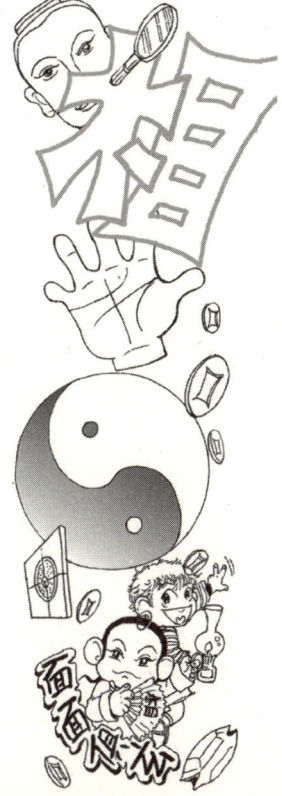

그럴 거면 관상은 배워 뭘 해!

언제 어디서나 타인을 생각하고, 함부로 말하지 말아야 모두에게 좋으니라!

사부님부터 솔선수범하시죠.

큰 입과 작은 입

입이 큰 사람은 활력이 넘치고 행동력이 강하며 담이 크고 대범하다. 반대로 입이 작은 사람은 일을 겁내고 고지식하며 움츠러들기 쉽다. 그래서 입이 큰 사람은 창업이 쉽고 성공하지만, 입이 작은 사람은 학자나 교사 또는 기술자들이 많다. 각자의 길이 따로 있기 마련이다. 입이 작고 잘생기면 대게 작은 성공은 거둔다.

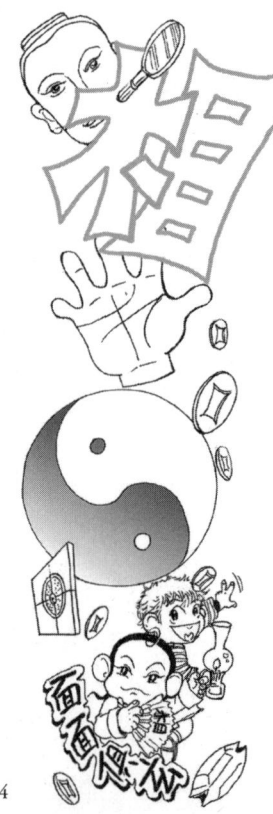

말싸움의 승자

넓은 입과 좁은 입

입의 크기가 양쪽 콧방울을 넘어가는 사람은 생각이 논리적이며, 자신의 견해나 품격을 갖춘 사람이다. 반대로 입이 짧아서 콧방울을 넘지 않는 사람은 대부분 다른 사람을 따라가며 자신의 견해가 부족하고 자주적인 측면이 부족하다. 그러나 미적인 측면에서 볼 때 입이 너무 커도 좋지 않다. 지나치게 큰 입은 성격이 괴곽하고 산만하다.

장점도 있고 단점도 있어

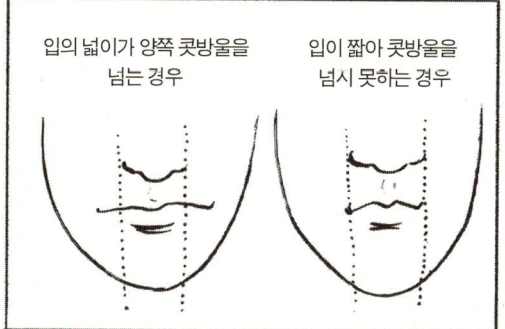

입의 넓이가 양쪽 콧방울을 넘는 경우

입이 짧아 콧방울을 넘지 못하는 경우

입이 넓은 것이 좁은 것보다는 좋지.

제 입을 매일 당겼더니 지금은 많이 넓어졌어요.

너무 넓다. 너무 넓으면 성격이 괴곽해져.

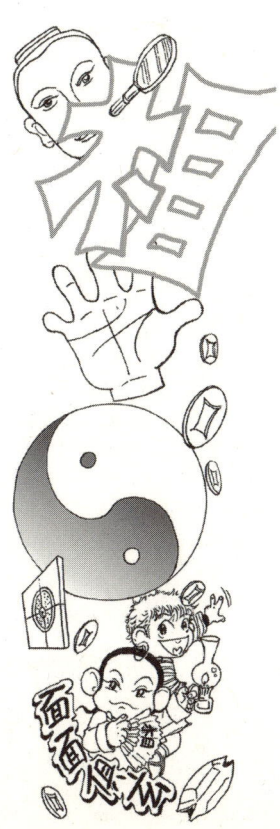

둥근 입과 네모난 입

입의 모양은 일반적으로 둥근 입, 긴 입, 네모난 입의 세 가지 형태로 나눌 수 있다. 둥근 입을 가진 사람은 성격이 원만하고 낙관적이며 친화력이 있다. 간혹 과장이 심하고 부풀려 말하기도 한다. 긴 입을 가진 사람은 말을 할 때 분수가 있다. 일을 근엄하게 하며 본분을 지키며 최선을 다한다. 네모난 입을 가진 사람은 신용을 잘 지킨다. 성격이 온화하고 진중하며 말에 설득력이 있고, 착실하고 진지하다.

관상가의 입

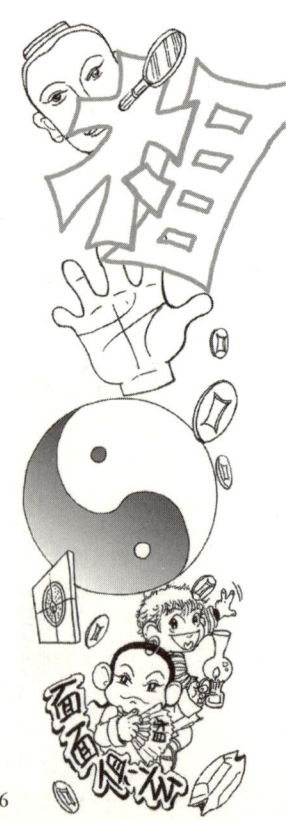

입꼬리가 뒤집힌 입과 올라간 입

입의 양 끝은 위로 올라가는 것이 가장 좋다. 건강하고 정서가 안정되었으며 긍정적이며 인연이 좋음을 나타낸다. 반대로 양 끝이 아래로 내려가 입 모양이 거꾸로 된 상태를 '복주구(覆舟口 : 뒤집힌 배 모양의 입)'라고 하는데, 관상에서는 크게 꺼리는 모양이다. 시비가 많고 다른 사람을 이해하지 못하며 즐거운 마음이 없고 비관적이다. 그래서 인간관계도 좋지 않다.

아, 그랬구나!

가장 나쁜 것은 복주구이다.

왜 나쁠까?

와! 거대한 파도다.

사부님, 이제 알겠어요.

뒤집힌 배

두꺼운 입과 얇은 입

애정 지상주의자이거나 감정이 풍부한 사람은 대부분 입술이 두껍다. 이런 입은 그 정욕이 왕성하고 감성적이며 정을 중시한다. 반대로 입이 얇은 사람은 냉정하고 정감을 알지 못하며 자기애가 강한 사람이다. 개중에는 윗입술이 두껍고 아랫입술이 얇거나, 아랫입술이 두껍고 윗입술이 얇은 사람이 있는데, 이런 사람은 성격이 안정되지 못하고 감정의 기복이 심하다.

감정의 두께

입술이 두꺼우면 복록도 두꺼운 법이지!

입술이 얇으면 복이 없어!

어째서 우거지상이야?

누가 제게 애정운이 없다 하네요.

네 입술이 얇긴 하지.

뾰족한 입, 평평한 입, 들쑥날쑥한 입

가장 좋은 입 모양은 활 모양으로 굽은 입이다. 올라가고 내려가는 기복이 있어야 외형적으로도 예쁘고 운세도 좋다. 성격도 명랑하고 활발하며 총명하고 재주가 있다. 사람들의 사랑을 받고 인연도 좋다. 입 모양이 너무 뾰족해도 안 좋다. 이런 사람은 시비 다툼이 많고, 말을 박정하게 하여 소인배들을 쉽게 자극한다. 입 모양이 기복 없이 너무 평평해도 좋지 않다. 외형적으로 예쁘지 않을 뿐 아니라 산만하고 굼뜬 것을 나타낸다.

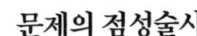

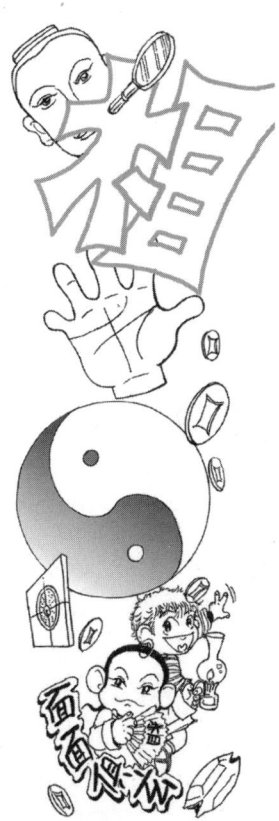

입의 다물기

입을 항상 꼭 다물고 말이 없는 사람은 속은 좁지만 비밀을 지킬 줄 아는 사람이다. 의지 역시 굳건하다. 입이 항상 벌어져 힘이 없는 사람은 자신에게 관대하고 힘든 것을 못 견딘다. 해이하고 목표가 없는 사람이다. 그래서 입은 적당히 다물어져 있는 것이 좋다. 지나치게 벌어지거나 꼭 다물어지지 않아야 성격이 부드럽고 온화하다.

한마디로 꼭 맞히네

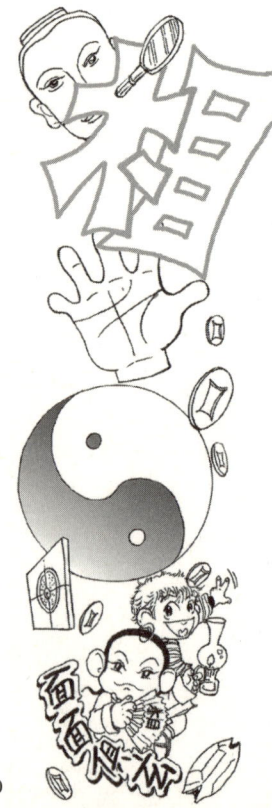

치아가 드러나는 입

말을 품위 있게 하는지, 말에 덕이 있는지 없는지는 입과 치아의 형태에 반영된다. 어떤 사람은 입이 치아를 덮지 못하는데 원인은 대부분 치아가 사선으로 앞으로 나왔거나 치아가 너무 크고 긴 경우이다. 그 원인은 알 수 없으나 항상 입이 치아를 덮지 못하는 사람은 모두 성격이 지나치게 과격하고 시시비비를 따지는 사람이다. 말을 할 때 반드시 교양 있게 말하도록 노력해야 한다. 입이 치아를 덮는 사람은 과묵하고 신중하여 비밀을 지킬 줄 안다.

입은 잘 다물어져야 한다

이 녀석! 사부님을 돕지 않고 어떻게 그렇게 말할 수 있어!

저는 솔직히 말했을 뿐이에요.

이빨이 드러났으니 그 모양이군!

너의 사부인 나는 입이 치아를 덮는 지혜로운 사람이라고.

앞으로 나한테 잘 배워. 알았지?

이미 잘 배우는 중인데요, 근데 사부님 결점이 더 배우기 쉬워요.

바른 입과 삐뚤어진 입

입이 바르다는 것은 입이 단정하게 생긴 것이다. 입술 양 끝의 모서리가 높거나 낮지 않아야 하고, 입술이 얼굴의 중앙에 위치해야 한다. 치우치거나 찌그러지면 안 된다. 이런 사람은 배포가 크고 공명정대하다. 표정이 풍부하여 입이 약간 기울어져 보이는 것은 문제가 되지 않지만, 입이 확실히 기울어져 한쪽은 낮고 한쪽은 높을 수가 있다. 이런 사람은 마음 씀씀이가 바르지 못하고 항상 억지를 쓰며 시기 질투가 특히 심하다. 혹은 중풍으로 입이 삐뚤어질 수 있는데 이것은 성격과 무관한 것이며, 단지 건강상의 문제이다.

들들 볶더니 입이 삐뚤어졌네

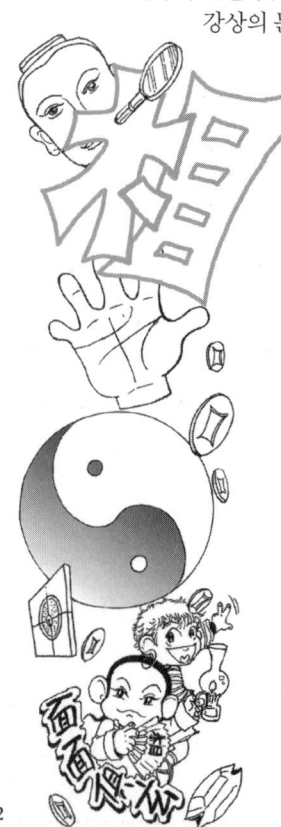

돌출 입과 합죽이 입

측면에서 봤을 때 튀어나왔느냐 들어갔느냐를 살펴야 한다. 일반적으로 사람들의 입은 평평하거나 혹은 약간 앞으로 튀어나와 있다. 너무 많이 튀어나오면 성격이 지나치게 충동적인 경향이 있고 감정이 이성을 앞서서 사실 여부를 따지기도 전에 먼저 행동한다. 반대로 입이 들어간 사람은 성격이 지나치게 보수적이고 냉정하여 사람들이 다가가기 힘들다. 지나치게 나오거나 지나치게 들어가지 않은 것이 좋다.

원숭이 입

입술의 색

정상적인 입술의 색은 약간 붉다. 암흑색을 띠거나 검푸른 색이나 회백색이 돌면 비정상적인 색이다. 암흑색이나 검푸른 입술은 음식에 독이 있거나 오랫동안 잘못된 음식을 먹었거나, 마음속에 의심이 많아서 몸에 독소가 생긴 경우이다. 회백색인 경우는 신체가 허약하고 기혈이 부족하기 때문이다. 입술 색은 붉고 윤기가 나야 가장 좋다. 이는 건강하고 긍정적인 마음을 나타낸다.

참을 수 없어

입의 주변

입이 잘생겨도 크게 발전하지 못하는 경우는 입두덩 사방에 살이 부족하기 때문이다. 반대로 입의 생김새는 보통이지만 입두덩에 살이 두둑하면 복이 많고 도와주는 이가 많다. 입 주변은 중년 이후의 운을 나타내는 것으로, 두꺼우면 두꺼울수록 말년이 건강하고 즐거우며, 얇으면 얇을수록 복이 적다.

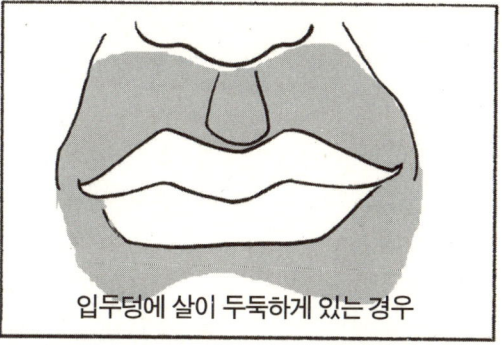

먹는 게 남는 거야!

입두덩에 살이 두둑하게 있는 경우

입두덩에 살이 있으면 만년에 복이 있다.

반대로 살이 없고 얇으면 말년운이 별로야.

죽기살기로 많이 먹어야겠어. 입에 살좀 붙게!

6

眉相
눈썹의 상

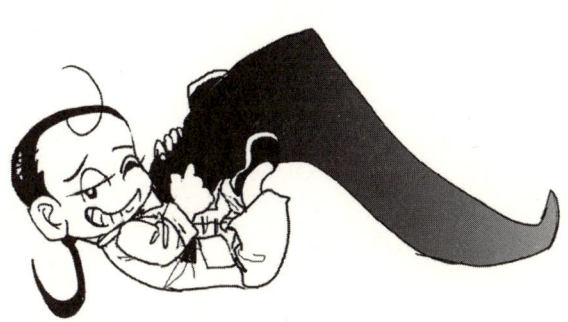

눈썹의 상

눈썹은 오관 중의 하나이다. 눈이 임금이면 눈썹은 신하이다. 왕과 신하는 화합해야 한다. 눈썹의 털은 그 사람의 감정과 심리 상태를 반영하며, 친구운을 보는 곳이기도 하다. 나아가 애정운과 결혼운을 나타내기도 한다. 위치, 두께 혹은 길이에 상관없이 가지런하고 지저분하지 않아야 자신의 매력을 발산할 수 있고 운기 역시 높아질 수 있다.

수족이 되다

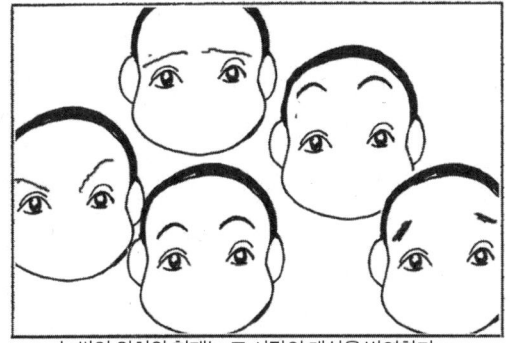

눈썹의 위치와 형태는 그 사람의 개성을 반영한다.

내 눈썹이 표준이야!

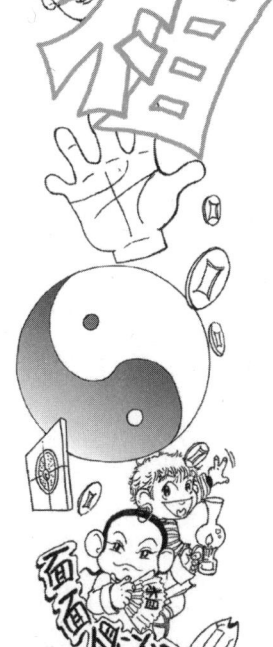

다음 날 아침

악! 내 눈썹! 이게 어떻게 된 거야?

주무실 때 제가 눈썹을 밀고 높게 그려 놓았습니다. 이제 운이 크게 상승할 겁니다. 히히!

눈썹의 높이

눈썹이 높으면 좋고, 낮으면 나쁘다. 눈썹이 높은 사람은 활력이 있고 성격이 호탕하고 작은 일에 얽매이지 않으며 이상이 높고 판단이 정확하다. 중책을 맡을 수 있으며 일에 스트레스도 적다. 그래서 이런 눈썹은 지도자 계층에서 자주 보인다. 반대로 눈썹이 낮아 눈을 누르는 사람은 우울하고 항상 마음이 편하지 않으며 울분에 차 있다. 항상 긴장하며 업무 스트레스가 심하다. 그래서 중년이 될 때까지 기다려야 한다. 40세 이후에는 발전할 여지가 있다.

정해진 운명

너는 눈썹이 눈을 누르는 형상이야!

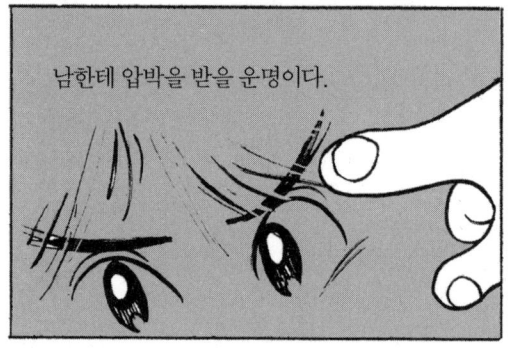

남한테 압박을 받을 운명이다.

걱정 마요. 무술을 연마했는데 감히 누가 나를 업신여기겠어요!

마누라…

아이고, 이놈의 놈팽이! 일도 안 하고 집에도 안 오고 죽고 싶어!

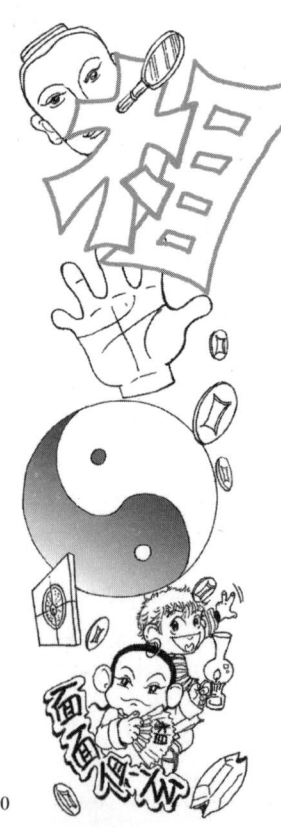

긴 눈썹과 짧은 눈썹

눈썹이 눈보다 긴 사람은 친구가 많고 패기가 있으며 능력이 있다. 친구에게도 의리가 있으며 생각도 단계가 있으며 식견이 넓으며 운세도 강하다. 눈썹이 짧은 사람은 성격이 급해서 일을 그르치기 쉽다. 감정이 충동적이고 쉽게 화를 내며 냉정함이 부족하고 폭넓은 사고를 하지 못한다. 친구와도 오래 사귀지 못한다. 그래서 도와주는 사람이 적다.

눈썹을 그리다

홍!
누구든지
운명이 좋아지려면
나 포 사부에게
물으라고!

나의 신들린 필력을
보라고!

와,
내 눈썹이
정말 길어졌네요.
이제 제 운명은
좋아지겠지요!

여러분, 눈썹이 눈보다 길어지고 싶으면
저에게 오세요. 천 원에
그려 드릴게요.

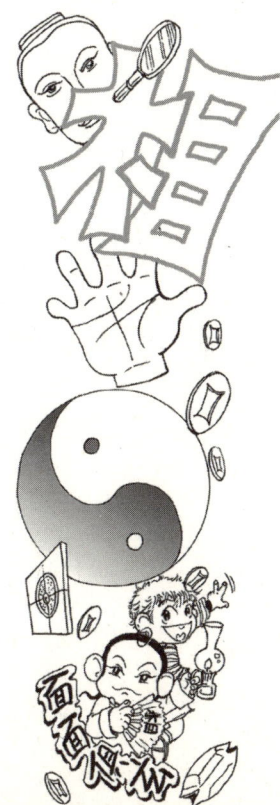

인당의 넓이

미간 즉 인당은 넓은 것이 좋다. 세 손가락이 들어갈 정도로 인당이 넓은 사람은 마음이 넓고 운세가 특히 좋다. 공부도 잘하고 일도 순조롭다. 두 손가락이 들어가는 사람도 나쁘지 않다. 운도 나쁘지 않으며 총명하고 명랑하며 표현력도 좋다. 손가락 하나만 들어가는 사람은 성격이 고루하고 일에 장애가 많으며 시야가 넓지 못하다. 만약 눈썹이 이어져 눈썹이 인당을 덮고 있으면 운이 열리지 않고 정체되며, 고집이 있고 속이 좁다.

눈썹이 이어지면 속이 좁다

세 손가락이 들어가는 사람은 마음이 넓다.

두 손가락이 들어간 사람도 나쁘지 않다. 운이 괜찮다.

손가락 하나만 들어가는 사람은 고루하다.

홍, 두목님이 네 놈을 풀어 주지 않을 거야.

눈썹이 이어진 사람이 확실히 속이 좁군!

치켜 올라간 눈썹과 처진 눈썹

눈썹이 올라갔다는 것은 눈썹이 위를 향해 치켜 올라간 모양이다. 이런 사람은 마음속에 큰 뜻을 품고 있고 용기가 있으며 대담하다. 큰일을 할 수 있으며 중책을 맡을 수 있다. 경쟁이 치열한 사회에서는 그 진취심과 투쟁심이 더욱 강해진다. 만약 두 눈에 생기가 있으면 그 사람은 반드시 남들보다 뛰어나게 된다. 그러나 반대로 눈썹이 힘이 없이 아래로 처져있으면 그 사람은 대담함이 부족하고 마음에 큰 뜻이 없으며 소극적이고 포기를 잘한다. 만약 눈에 생기까지 없으면 이루어내는 일이 없다.

정곡을 찌른다

흥! 나에 대해 나쁘게 말하는 사람은 용서하지 않겠어!

놀라 눈썹이 처졌음

네가 나를 험담했지?

손님 눈썹이 위로 올라갔으니 반드시 용이 될 겁니다.

그래, 당신 말이 정확하군. 그 대가일세.

굵은 눈썹과 성근 눈썹

눈썹이 굵은 사람은 성격이 호쾌하고 패기와 참을성이 있으며 체력이 강하다. 하지만 때로는 지나치게 충동적이고 경솔한 면이 있다. 굵고 짙은 눈썹은 그 사람이 정과 의리를 중시한다는 것을 나타낸다. 굵지만 어지럽지 않아야 좋은 눈썹이다. 눈썹이 얇고 흐린 사람은 체력이 약하고 생각이 많으나 실행력이 부족하다. 친구 간이나 가족 간의 정도 매우 박하다. 눈썹이 순하나 약간 얇은 것은 나쁘지 않다. 이런 사람은 오히려 맑고 우아한 선비의 상이다.

눈썹이 굵으며 몸이 건장하다

포 사부, 여기가 제 체육관입니다.

운동하는 사람들은 대부분 눈썹이 굵지.

이 사람은 분명 코치! 눈썹이 굵고 눈이 크네.

맞아요.

저 사람은 눈썹이 너무 얇고 흐려. 고생을 사서 할 상이 아니야. 곧 떠날 거야.

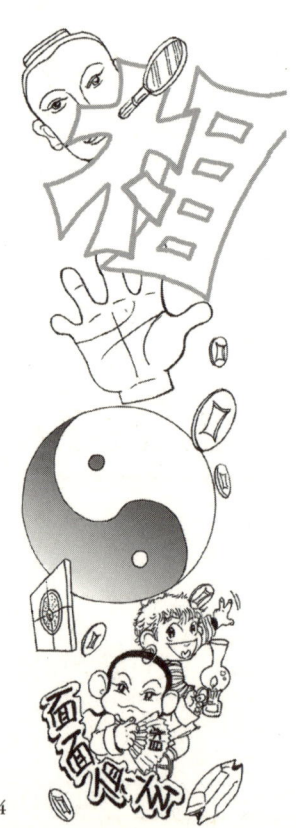

가지런한 눈썹과 어지러운 눈썹

눈썹의 털은 부드럽고 가지런해야 한다. 위에 난 눈썹은 아래로 뻗어 있고 아래에 난 눈썹은 위로 뻗어 아치 형태를 이루고 있어야 하며, 한 가닥 한 가닥을 볼 수 있어야 맑고 순한 눈썹이라고 할 수 있다. 이런 사람은 지혜가 뛰어나고 식견이 넓으며 기질과 품격이 고상하다. 친구의 도움이 많아 성공할 기회가 많다. 반대로 눈썹이 가지런하지 않고 역방향으로 난 눈썹이 많으며 규칙을 지키지 않고 법을 무시하며 일 처리가 엉망이다. 일을 엉망으로 처리해 놓고도 제멋대로 생각하여 주변의 친구들에게 나쁜 영향을 미친다.

어지러운 눈썹은 안 좋아

눈썹이 맑으면 마음도 맑다.

눈썹이 어지러우면 마음도 어지럽다.

눈썹이 어지러운 사람은 별로 본 적이 없는데요.

내가 보여 주마.

정신병원에 있는 사람은 대부분 눈썹이 어지럽다.

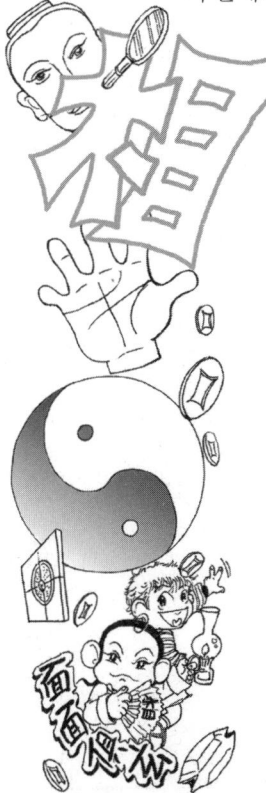

눈썹머리의 넓이

눈썹머리가 뾰족하지만, 눈썹꼬리가 넓고 듬성듬성한 사람이 있다. 이런 사람은 천성적으로 돈을 쓰기 좋아하는 사람이다. 재물은 다소 흩어지지만 사람이 편안하고 즐거우며 현실적이어서 어려움을 당하지 않는다. 눈썹머리가 두꺼우면서 넓은 사람은 돈 씀씀이가 신중하며 일을 조심조심한다. 그래서 생각이나 행동이 모두 굼뜨고 고집스러우며 남의 말을 안 듣는다.

현실파 책임자

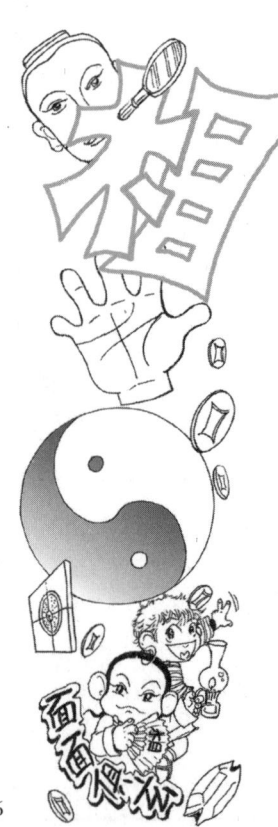

일직선 눈썹과 굽은 눈썹

두 눈썹이 일직선으로 조금도 굽어지지 않은 사람은 성격이 강직한 강골한이다. 성격은 강해도 여자들의 관심을 받는다. 반대로 눈썹이 구부러진 사람은 성격이 쉽게 변하고 다정하며 다른 사람을 잘 챙겨 준다. 상대가 무엇을 원하는지 바로 안다. 그래서 마찬가지로 여성들에게 인기가 있다.

이성운

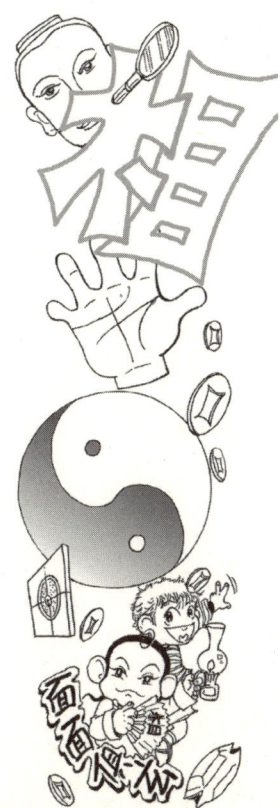

눈썹머리에 역방향으로 자란 눈썹이 있는 경우

눈썹머리에 눈썹 털이 역방향으로 자란 사람들이 꽤 많다. 이것은 장애가 많음을 나타낸다. 역방향으로 자란 눈썹이 많으면 많을수록, 혹은 인당에 가까우면 가까울수록 운이 좋지 않으며 지혜도 늦게 생긴다. 몇 가닥 보이지 않으면 큰 문제는 되지 않는다. 순방향으로 눈썹 털이 나고 거꾸로 난 것이 없어야 운이 번창하고 생각이 트여 있으며 일찍부터 운이 잘 흘러간다. 즉 28세 이전에 이미 운이 좋아진다. 눈썹 머리에 역방향의 털이 나면 소인배들과 시비가 많다.

관상은 마음에서 나온다 ①

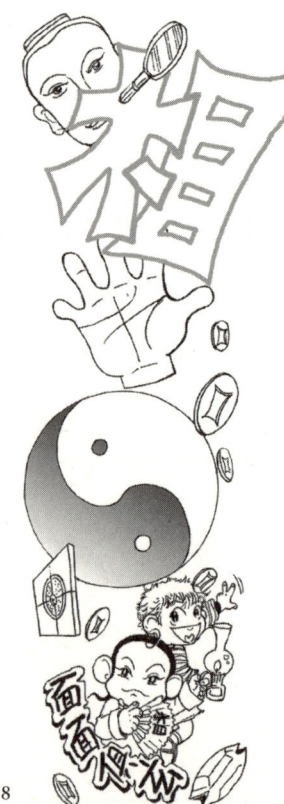

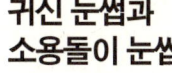

귀신 눈썹과 소용돌이 눈썹

귀신 눈썹이나 소용돌이 눈썹을 가진 사람은 의뭉스럽고 안정감이 없으며 부침이 심한 사람이다. 이런 사람은 이해 타산이 빠르고, 친구를 이용하는 수완이 좋아서 인생 전반에 성공도 많고 실패도 많다. 운명도 성격과 같아서 기복이 많고 부침이 심하다.

칼 눈썹과 검 눈썹

말 그대로 칼 눈썹은 두꺼우면서 각이 진 것으로, 칼 모양이다. 이런 사람은 불의에 용감하게 나서는 사람으로, 옛날 같으면 검객이 될 사람이다. 지금은 주로 군인이나 경찰 업무에 종사한다. '검의 눈썹'이란 눈썹이 곧으면서 뾰족한 것으로, 이런 사람도 나쁜 사람이나 일을 원수처럼 여긴다. 단지 검의 눈썹을 가진 사람은 식자의 풍모가 다소 강하여, 작가나 예술가인 경우가 많다. 이런 사람은 의식이 있는 작품이나 비판적인 내용을 주로 다룬다.

칼과 검

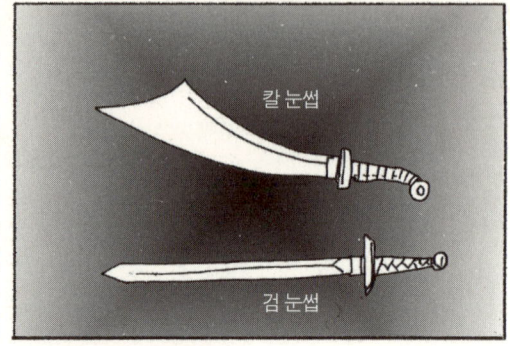

칼 눈썹

검 눈썹

나는 호탕하다고!

나는 단단하다고!

탕!

우리 한번 겨뤄 보자고!

장수 눈썹과 단촉 눈썹

중년 이후에 눈썹 털의 꼬리 부분이 길게 늘어지는 사람이 있는데 이런 사람은 장수한다. 늘 마음을 수양하고 인품을 갈고 닦으며 덕을 행한다. 세상일을 넓게 보는 사람이다. 그래서 수명이 길다. 반대로 아주 짧은 눈썹을 '단촉(短促)눈썹'이라 부른다. 이런 사람은 성질이 불같이 급하고 남을 생각하지 않으며 사리사욕이 많아서 수명이 그리 길지 않다.

장수하는 법

장수하는 눈썹

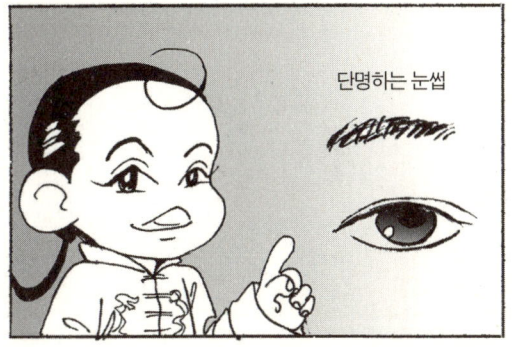

단명하는 눈썹

내게 방법이 있어!

브랜디를 바르면 눈썹이 길어진다더니 그 말이 맞네!

끊어진 눈썹과 갈라진 눈썹

이런 눈썹을 가진 사람은 자신의 행동을 주의해야 한다. 중간에 끊어진 눈썹은 30세 이후에 인생의 큰 변화가 일어나 파산하거나 질병이 생기거나 중요한 물건을 잃어버릴 수 있다. 심지어 결혼에도 영향을 준다. 그래서 반드시 마음을 좋게 먹어야 각종 재앙을 피할 수 있다. 갈라진 눈썹이란 눈썹꼬리가 갈라진 것이다. 이런 사람은 변덕이 심하고 세속적이며 명예와 이익을 위해 물불 가리지 않는다. 번거로운 일을 자초하기 쉬워서 운의 기복이 심하다.

동행인

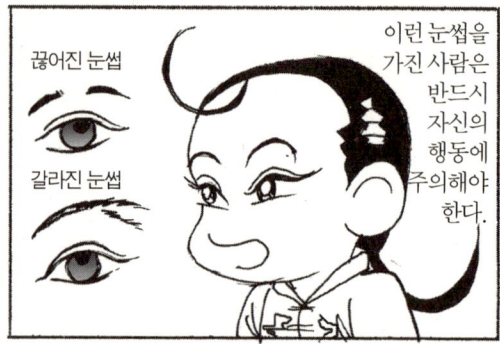

7

五官宮合
오관 궁합

눈썹과 눈의 조화 : 친구, 형제, 애정을 본다

눈이 임금이라면 눈썹은 신하다. 눈썹과 눈이 조화를 이루어야 좋은 상이다. 눈의 상이 좋고 눈썹이 잘 어울려서 눈썹과 눈이 모두 뛰어나면 자연적으로 운의 흐름은 좋다. 두뇌가 명석하고 총명히며 지혜롭다. 중년이 되어 30세에서 40세 사이에 반드시 운이 피며, 특히 인간관계가 아주 좋으며 애정운도 좋다. 만약 눈과 눈썹이 서로 어울리지 않으면 사업은 잘되나 호감이 부족하지 않으면 애정운은 순조로운데 사업이 어렵다.

군신의 예의

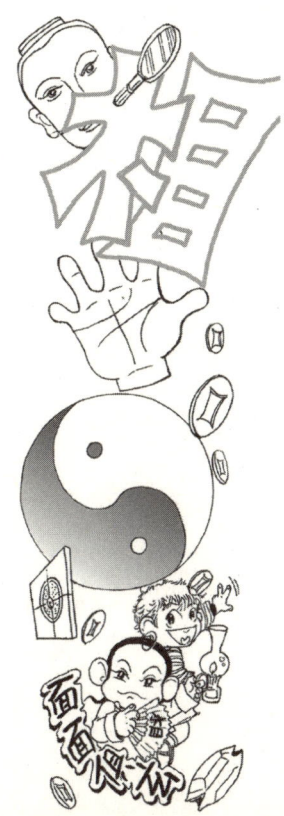

눈과 눈썹의 맑음과 탁함

맑음과 탁함

눈썹이 맑고 순하다는 것은 눈썹이 부드럽고 가지런한 것이다. 이를 '맑은 눈썹'이라고 한다. 반대로 눈썹 털이 거칠고 뻣뻣하며 어지러운 것을 '탁하다'고 한다. 눈은 모양이 수려하고 흰자위가 맑고 빛이 나며 검은자와 흰자의 구별이 분명해야 한다. 이런 눈을 '맑다'고 한다. 눈의 흰자위가 혼탁하고 흑백이 분명하지 않은 것을 '탁하다'라고 한다. 눈썹과 눈이 모두 맑은 사람은 어렸을 때부터 귀티가 나고, 학문과 수양이 높다. 반대로 눈썹이 어지럽고 눈이 탁한 사람은 성격이 거칠고 난폭하여 30세에서 40세 사이의 인간관계와 애정운에 영향을 받는다. 만약 눈썹이 맑은데 눈이 탁하거나, 반대로 눈썹은 탁한데 눈이 맑은 것도 운의 흐름이 들쑥날쑥하여 어떤 때는 좋으나 어떤 때는 나쁘며 성격 역시 안정적이지 못하다.

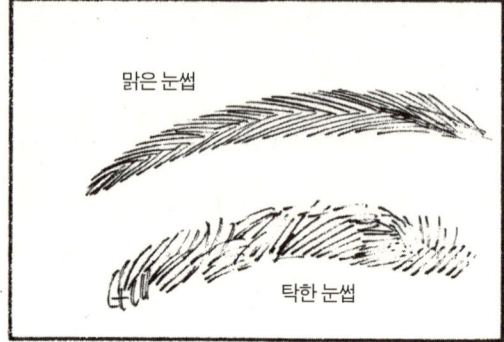

맑은 눈썹

탁한 눈썹

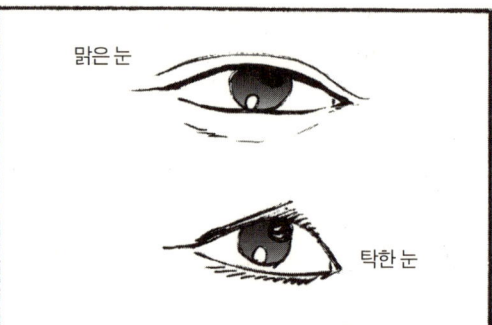

맑은 눈

탁한 눈

눈썹과 눈은 조화를 이루어야 한다. 맑음과 탁함을 나눈다.

사부님, 눈썹은 맑은데 눈이 탁하거나, 눈썹은 탁한데 눈이 맑으면 어떻지요?

운의 부침이 심하지! 좋을 때도 있고 나쁠 때도 있고, 성격도 불안하고.

눈과 눈썹의 부조화

눈과 눈썹이 조화를 이루지 못하면, 재주는 있으나 그 재주를 발휘하지 못하고, 담대하나 기회가 없다. 기회를 잡거나 발전의 여지가 있을 때도 여러 가지 장애나 방해가 있어서 성공을 앞두고 실패하게 된다. 그 원인은 사람에 대한 정성이 부족하거나, 사람과 잘 지내는 방법을 모르거나, 성격이 과격하기 때문이다. 예를 들어, 눈썹이 두꺼운데 눈이 작으면 쉽게 화내고 쉽게 차가워지는 등 정서가 매우 불안하다. 눈썹은 흐린데 눈이 크면 시비 다툼이 많고 성격이 억세며 감정이 메말라 있다. 이 두 경우를 두고 군신이 서로 어울리지 않는 상이라고 한다. 그래서 운의 흐름이 더디고 운이 피기 어렵다. 반대로 눈썹이 두껍고 눈도 크거나, 눈썹이 흐리고 눈도 작으면 군신이 서로 조화를 이루어 반드시 운이 피고 인연이 좋다.

내 말을 가로채? 네가 선생해라!

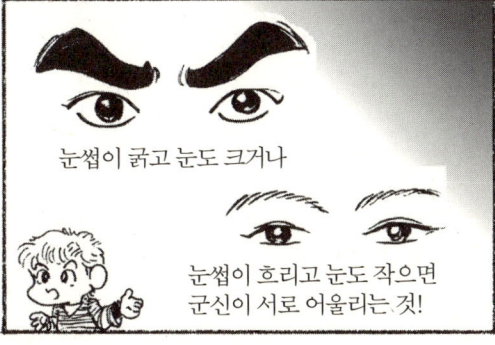

눈썹이 낮아 눈을 누르면

관상학에서 눈썹이 낮은 것은 좋지 않은 것으로 본다. 잘 어울려야 운이 필 수 있다. 눈썹이 낮아 눈을 누르는 듯한 상은 두 눈에 생기가 부족하여 힘이 없으며 졸린 눈과 같아서 30~40세 사이에 운의 흐름이 원활하지 못하다. 심지어 친구나 가족으로 인해 힘들 수 있으며, 애정운 역시 부침이 심하고 안정되지 못한다. 그러나 눈에 생기가 충분하여 눈빛이 강하고 눈이 크다면 눈썹이 눈을 누르는 것을 염려하지 않아도 된다. 왜냐하면 임금이 강하고 기세가 장대하니, 설령 신하가 거만해도 다 감당할 수 있는 이치와 같은 것으로 운이 좋을 수 있다. 단지 각고의 노력을 통해야만 남들보다 뛰어날 수 있다. 때때로 감정적일 수 있고 감정의 기복이 심할 수 있어서 길흉은 반반이다.

대책

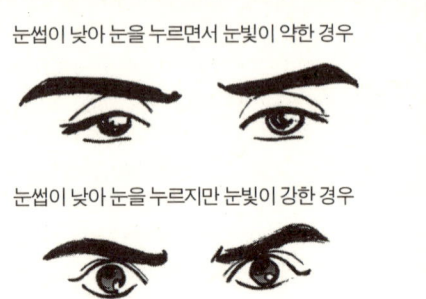

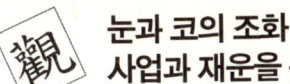

눈과 코의 조화 : 사업과 재운을 본다

눈은 장년을 관장하고, 코는 중년을 관장한다. 사람의 일생에서 황금기는 이 시기이므로 당연히 가장 중요한 부위이다. 그래서 눈과 코의 조화 여부는 영향이 매우 크다. 코는 집을 지탱하는 기둥과 같고, 눈은 실내에 빛을 비추는 천창과 같다. 빛을 잃어버린 집에서는 살 수 없는 것처럼 인생의 의미가 없어진다. 부귀한 사람들은 모두 눈과 코의 조화가 이루어져 있다.

만화 주인공

코는 기둥이다.

눈은 천창이다.

사부님, 우리는 눈은 크고 빛나는데 기둥이 부실하네요.

우리 코가 우뚝하면 귀여운 만화 주인공으로는 안 어울리잖아!

눈이 악하고 콧마디가 드러나면

눈과 코의 조화에서 가장 좋지 않은 것은 눈이 악한데 코뼈 마디까지 드러나는 관상이다. 이런 상은 눈빛이 강한데다 코의 기세까지 강한 격이다. 악한 관상이라도 서로 조화를 이루면 극단적인 환경에서 운이 필 수 있고, 어느 정도 작용하여 일시적인 좋은 운이 올 수 있다. 그러나 결국은 파국에 이르며, 심지어는 몸이 상하고 명예를 잃으며 흉과 화가 많다. 왜냐하면 이런 사람들은 극단적으로 일을 저지르고 대담하게 악을 행하며 정과 의리를 생각하지 않기 때문이다. 반드시 경계해야 한다. 재운이 좋지 않을 때는 잘못된 생각으로 무슨 일이든 저지르므로 미리 조심해야 한다.

입이 웬수

눈이 악한 사람은 반드시 조심해야 해.

죽고 싶지 않으면 돈 내놔!

코뼈가 돌출되어 있네!

헛소리 지껄이니 좀 맞아야겠지!

사부님 정신 차리세요!

눈과 코가 조화를 이룬 상

눈과 코가 모두 잘생긴 사람은 용감하고 자신이 있으며 지혜가 충만하다. 반드시 천운을 만나 사업이 번창하여 감당할 수 없을 정도가 될 것이다. 반대로 눈은 약한데 코가 강한 사람은 적극적으로 분발하고자 하는 마음이 부족하다. 의존성이 강하고, 진취심이 약하며, 출세하고자 해도 말은 쉽지 실제로는 매우 힘들다. 눈은 좋은데 코가 약한 사람은 그래도 운이 나쁘지 않다. 이런 사람은 인간관계가 비교적 원활하고 사람 역시 평화롭고, 자족하며 스스로 즐거움을 누릴 줄 안다. 코는 강한데 눈이 약하면 기회가 많아도 겉만 번지르르하여 잡지 못한다. 일의 지속력이 부족하여 그럴 듯해 보이지만 내실은 부족하다.

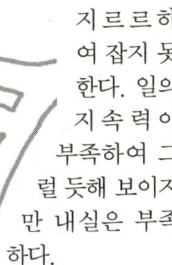

눈과 코의 조화

눈도 좋고
코도 좋고

눈은 약한데
코는 좋고

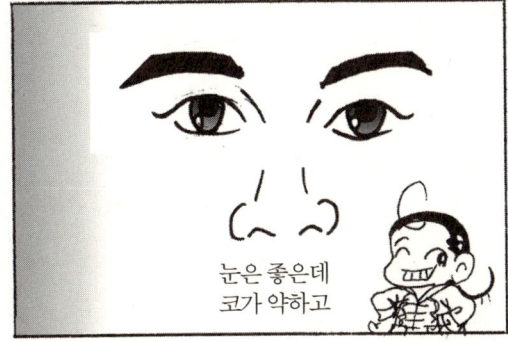

눈은 좋은데
코가 약하고

눈도 안 좋고
코도 안 좋고

코와 입의 조화 : 건강, 신체, 기백을 본다

몸소 체험

코와 입이 왜 서로 조화를 이루어야 하는가? 신체와 정신의 건강을 보는 지표이기 때문이다. 아주 간단한 원리이다. 코는 호흡하는 문으로, 외부의 공기를 흡입하여 생명을 유지하기 때문이다. 입은 밥이 들어가는 곳이므로 역시 생명을 유지하는 기관이다. 그래서 이 둘은 매우 중요하다. 만약 이 두 기관이 없으면 우리는 어떻게 생존할 수 있겠는가? 나쁜 공기를 마시거나 썩은 음식을 먹으면 건강에 치명적인 영향을 미칠 것이다. 일반적으로 병에 걸리면 코에서 반응이 나타나며 잘못된 음식을 먹으면 입술 혹은 입 주변의 근육에 이상한 색이 발견된다. 콧대에서 어두운 빛이 나거나 입술이 창백해지는 것은 몸이 보내는 경고이다.

코와 입의 넓이 비교

그림처럼 콧방울과 입의 비율은 세 가지가 있다.

- 입이 코보다 작으면 조화를 이루지 못하여 일에 치여서 기가 허하고 담이 작아지기 쉽다. 일할 때 종종 패기가 부족하고 능동적이지 못하다.
- 코와 입의 크기가 같으면 성격은 부드러우며 정력이 빨리 보충되며 일과 휴식이 적절히 이루어진다.
- 입이 코보다 크면 주관이 있고 말에 설득력이 있다. 선생님, 기업가, 가수 등 입으로 돈벌이를 하는 사람이 많다. 건강하고 정력이 왕성하다.

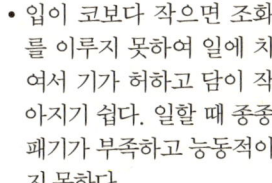

코보다 입이 작다   코와 입이 같다   입이 코보다 크다

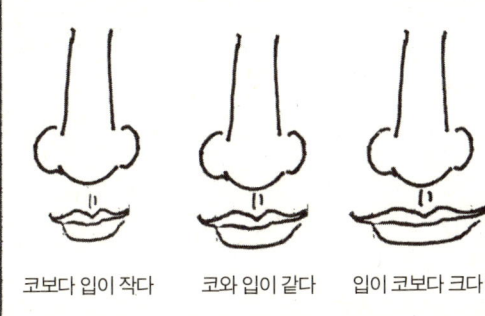

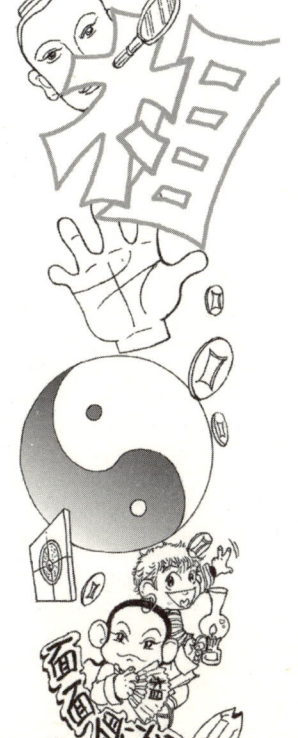

코는 강한데 입이 약하면

코가 잘생겼다면 그 사람은 자신감이 충만하다. 그러나 코에 비해 입이 부족하여 얇거나 입꼬리가 아래로 처졌다면 건강에 영향을 미친다. 식탐이 많아 말년에는 건강이 나빠지고, 즐겁지 않으며, 중년에 지나치게 일을 해서 건강이 상했음을 나타낸다. 말년에는 병이 많고 허약함을 나타낸다. 반대로 코가 약하여 낮거나 작거나 살이 없는데 입은 두껍고 색이 윤택하면 말년에 건강하고 중년에도 큰 질병이 없음을 나타낸다. 단지 호흡기 계통이 약하여 잔병이 있다.

코와 입이 모두 약하면

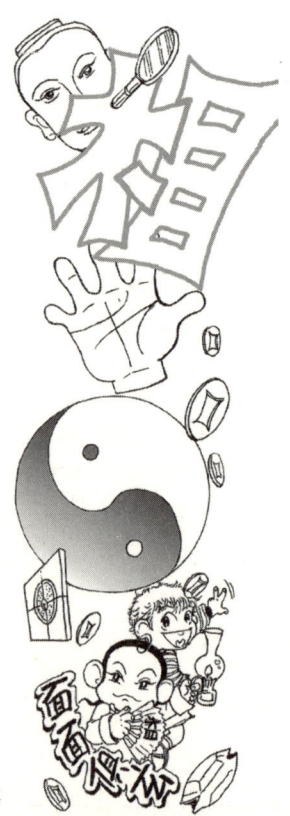

코와 입의 거리

코와 입 사이에서는 세 가지를 봐야 한다.
- 인중의 길이
- 입두덩의 살 두께
- 코와 입 사이의 숨의 소통

인중이 짧고 얕으면 생육 능력에 영향을 미친다. 신장이 약해 발생하는 병에 걸리기 쉽다. 입두덩에 살이 적고 얇아도 입고 먹을 것이 부족하고 영양이 부족하다. 코와 입의 거리가 지나치게 짧고 좁으면 공기의 양이 부족하여 기가 허하고 얕아서 온갖 병에 생기기 쉽다. 따라서 코와 입 사이의 길이는 충분하고 중간에 살이 많고 두꺼워야 건강하고 장수할 수 있으며 말년의 환경이 좋다.

공기의 흐름

오늘은 인중에 대해 시험을 보겠다.

코와 입의 거리가 너무 가까우면 호흡이 짧고 얕습니다.

코와 입의 거리가 멀어야 공기의 양도 충분합니다.

와! 콧바람 끝내 주네. 쿵!

**입과 귀의 조화 :
의식(衣食)과 복록(福祿)을 본다**

입은 '복당(福堂)'이라고도 칭한다. 사람의 의식(衣食)의 상태를 관장한다. 입이 네모나고 입술이 두꺼우면 부유하든 탐욕스럽든 입고 먹을 것이 풍족하며 고생하지 않는다. 게다가 귀가 두껍고 윤곽이 뚜렷하면 어려서부터 부모의 사랑과 보호를 받고, 커서도 삶을 즐길 줄 안다. 일 중독에 빠져 주위 사람에게 소홀히 하는 일은 발생하지 않는다.

발전 조건

먹는 게 복(福)이고

입는 게 록(祿)이지.

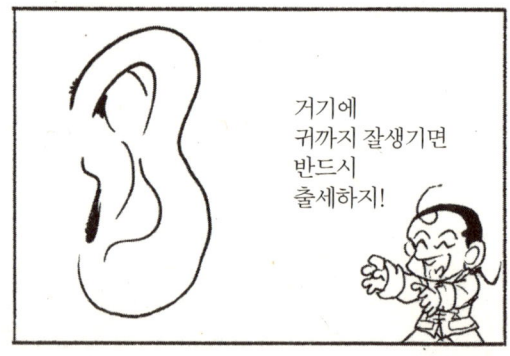

거기에 귀까지 잘생기면 반드시 출세하지!

입과 귀가 좋지 않으면 출세를 해도 문제가 많아.

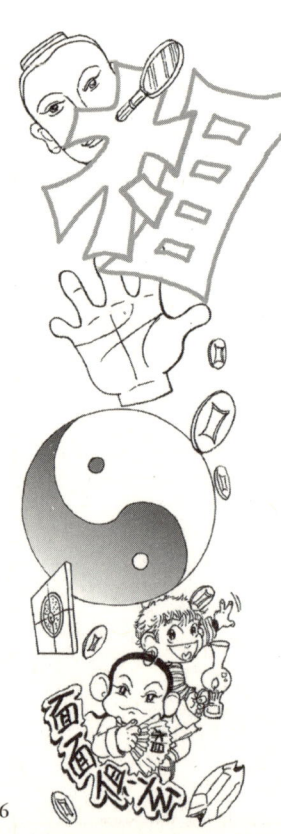

귀의 중요성

귀는 사람의 근거이며 어린 시절의 건강과 발전의 기초이다. 입은 말년의 근거로, 귀와 입이 서로 조화를 이루고 모두 잘생겨야 복과 운이 있다. 특히 마음이 밝고 쾌활하며 환경에 상관없이 도리에 어긋나지 않아 마음이 편안하다. 특히 자연을 좋아하고 자족하고 즐길 줄 알아서 부유해도 탐욕스럽지 않고, 안빈낙도할 줄 안다. 그래서 다른 세 기관이 다소 부족해도 그 사람의 인생은 안정적이고 편안하며 재앙이 없다.

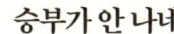

승부가 안 나네

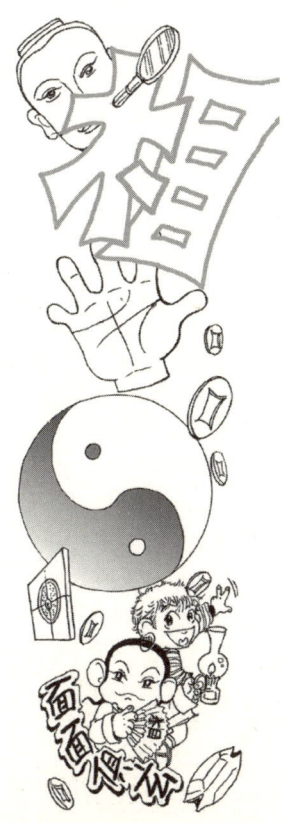

귀와 입이 조화롭지 못하면

귀가 두꺼우면서 바퀴가 분명하고 귓불이 있는 귀를 '의식(衣食)이 충족한 귀'라고 한다. 입꼬리가 위로 올라가고 입술이 넓고 색이 윤택하면 '복 있는 입'이라고 한다. 이렇게 두 기관이 좋은 사람은 '사람 위의 사람'으로 일생 복록이 있고 편안하게 그 복록을 누린다. 만약 귀가 못생겼는데 입이 좋으면 그 사람은 복이 있으나 누릴 수 없으며, 일생 일이 많고 명예와 재산을 지키기 위해 바쁘게 돌아다니며 안정이 없다. 자신과 주변 사람에게 관심이 없으며 삶을 누릴 줄 모른다. 반대로 입은 얇은데 귀가 잘생겼으면 물질적 풍요는 누리지 못하지만, 삶의 정취를 이해하고 자신에게 절대 인색하지 않으며 양생의 도리를 알아 건강한 삶을 유지한다.

만족함을 알면 언제나 즐겁네

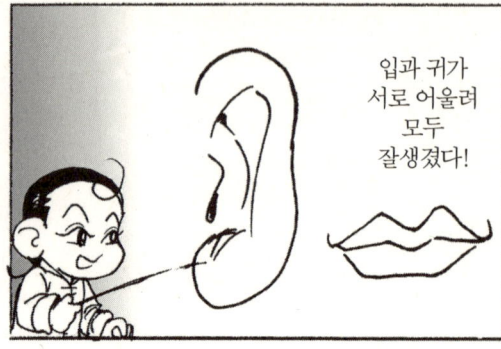

입과 귀가 서로 어울려 모두 잘생겼다!

귀가 부족한데 입이 좋으면

입고 먹는 데 걱정이 없지만 고뇌와 번민이 있다.

귀는 좋은데 입이 부족하면

스스로 누릴 줄 안다.

사부님, 이제 깨달았어요. 스스로 만족할 줄 알아야 한다는 것을요!

귀와 눈썹의 조화 : 현명함과 어리석음을 판단한다

입과 귀가 서로 어울리는지 아닌지에 따라 그 사람의 재능, 총명함과 어리석음을 알 수 있다. 눈썹이 맑고 형태가 좋으며 트여 있고 높은 사람은 지능이 높고 총명하며 재주와 지혜가 있다. 귀에는 어린 시절의 기초와 운이 반영되어 있다. 귀가 잘생긴 사람은 반드시 현명하고 능력이 있다. 학문을 갈고 닦아서 사회에서 성공할 수 있으며 다른 사람에게 인정받는다. 귀는 근거, 눈썹은 능력이므로 귀가 잘생기면 육체가 강건하고 정력이 충분하여 자연적으로 두 눈썹이 제 역할을 발휘할 수 있게 도울 수 있다. 근본이 강하고 재주가 많으니 지혜의 문은 자연스럽게 열리게 된다.

허풍쟁이

귀가 눈썹보다 높으면

귀가 눈썹보다 높고 크면 어린 시절에 움직이는 것을 좋아하고 총명하고 활발하며 반응이 빨랐다. 하나를 가르치면 열을 알 정도로 학습 능력이 뛰어나 일찍이 이름을 날리며 천재 소리를 듣게 된다. 보통은 눈썹과 나란하다. 눈썹보다 귀가 약간 낮은 아이는 총명함이 다소 부족하다. 반대로 귀가 높고 형태가 좋은 아이는 학습 방면에서 특출하다. 만약 두 귀가 높은데 모양이 부족하면 총명함이 일시적이어서 오판하거나 대담하게 일을 저지르는 경우가 많다. 귀가 눈썹보다 낮지만 두꺼우면 큰 지혜가 있으나 뽐내지 않는 사람이므로 좋은 관상에 속한다. 귀가 높은 사람은 출세하고, 귀가 낮으면서 두꺼운 사람은 안정적이고 무게감이 있다.

가르쳐도 소용없어!

내 귀를 봐라. 아주 높지! 누가 나처럼 이렇게 총명하겠어!

내 귀는 낮네요. 흑흑…

괜찮다. 너는 눈썹이 아주 잘생겼으니 보완된다.

멋져!

그런데 눈썹보다 귀가 아주 낮아서….

그러니 아무리 가르쳐도 바보스럽지!

**선천적 재주는 귀를 보고
후천적 재주는 눈썹을 본다**

귀와 눈썹의 관계는 눈과 눈썹 다음으로 중요하다. 귀와 눈썹 사이에는 이마가 있다. 이마는 지능을 상징한다. 귀는 초년을 나타내므로 선천적이라면, 눈썹은 후천적인 교육으로 후천적 재주를 의미한다. 선천과 후천의 지혜는 서로 통하고 서로 도와준다. 그래서 초년, 중년 및 말년의 복과 운에 모두 영향을 미친다.

꿰뚫어 보네

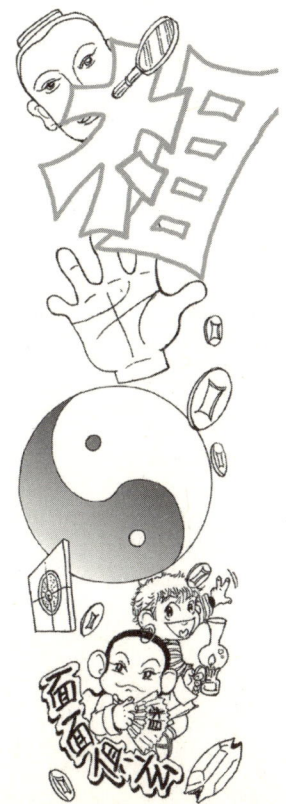

8

五官核心
오관 핵심

오관의 '핵심'으로 판별하라

사람의 관상은 주로 오관을 위주로 본다. 만약 앞에서 언급한 것과 같이 오관의 모양을 보고 해석하면, 전반적으로 상세하게 분석할 수는 있지만, 그 핵심은 파악하지 못할 수 있다. 관상을 볼 때는 반드시 먼저 가장 핵심이 되는 부위를 찾아내야 한다. 이목구비와 눈썹을 보고 그 가운데 어느 부위가 가장 뚜렷한지, 가장 눈길을 빼앗는지, 혹은 특출난 지를 보고 그 부위를 핵심으로 삼아야 한다. 먼저 관상이 좋은지 나쁜지 이야기하지 말고, 바로 핵심 부위를 보고 그 사람의 일생 중 가장 영향력이 있는 시기를 판단해야 한다.

관상소 개업하고 싶어요!

이제 오관을 다 배웠으니 하산해서 돈 벌어도 되겠지요?

당연히 아직 안 되지. 적어도 나의 삼분의 일 정도의 공력은 있어야 개업할 수 있어!

빨리 돌아가. 아직도 가르칠 게 많이 남았어. 내일도 학비 내고, 돈 많이 들고 와.

이미 돈을 너무 많이 냈는데!

이제 더 안 내요. 바로 하산해서 개업할 거예요. 안 배워요!

9

三停
삼정

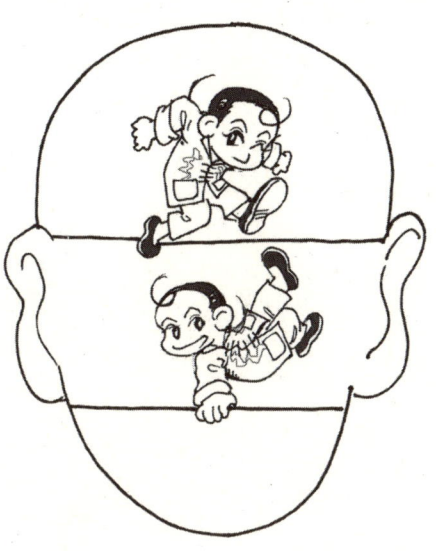

삼정 관상법

삼정은 얼굴의 관상을 세 부위로 나누는 관상법이다. 삼정은 분산되어 통일되지 않은 오관 부위를 한 군데에 모은 뒤 다시 세 부위로 나누어서 살피는 것이다. 즉 상정, 중정, 하정으로 나눈다(111쪽 그림 참조).
상정 : 초년의 운을 관장한다.
중정 : 중년의 운을 관장한다.
하정 : 말년의 운을 관장한다.
가장 좋은 것은 삼정이 서로 균형을 이루는 것이다. 균형을 이루면 운세가 고루 발전된다.

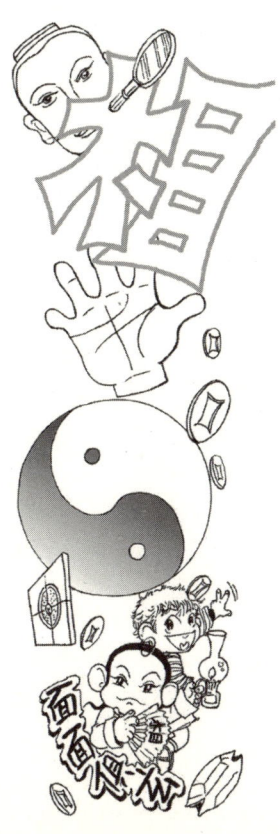

인당(印堂)과 인중(人中)

삼정에서 중요한 부위는 한 시기에서 한 시기로 넘어가는 부위인 인당과 인중이다. 인당과 인중은 상하의 기를 관통시키는 부위이다. 상정은 이마의 맨 윗부분[天中]으로부터 정수리의 기를 통과시켜 아래로 두 눈썹 사이의 미간인 인당까지 보내는 부위이다. 초년운의 시발점부터 중간 지점까지이다. 인당은 본체에 양기를 보내는 중요한 부위이며, 인중은 바람을 잠재우고 기를 모으는 곳이다. 그래서 인당은 고르고 풍만하며 넓고 트여 있어야 하며, 색이 밝고 윤기가 있어야 한다. 인중은 움푹 파여 깊고 감추어져 있는 물방울의 형상을 최고로 본다.

인생의 교차로

두 중요한 부위, 인당과 인중.

더 배울 것이냐 말 것이냐 그것이 문제로다.

사부님, 학비 안 내면 안 돼요?

좋다. 네 성의를 봐서 한동안 돈은 안 받겠다.

사부님, 감사합니다!

인당과 인중 : 운명의 열쇠를 잡다

인당은 주로 내재된 강건한 기운을 외부로 발산하는 곳이다. 인당이 넓고 평평하며 풍만할수록 기가 충만하다. 이런 사람은 초년에 이미 운이 트여 일이 순조로우며 특히 학업 성취가 뛰어나다. 장래의 직업운도 좋아 보통 28세 이전에 성취를 이루고 기초를 다진다. 주변에 귀인이 있어 도와주고 인연이 매우 좋다. 반대로 인당이 좁으면 운이 부족하고 방해하는 세력이 많다. 만약 인당이 움푹 파이면 일생에 영향을 미친다. 인중은 흐르고 분산된 기를 수렴하는 곳으로, 반드시 깊고 넓어야 한다. 콧구멍의 기를 입으로 불어넣어 상하부 전체의 기를 소통시키도록 해야 한다.

기를 통할 줄 안다

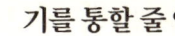

오관은 다 배웠으니 삼정을 배워야만 관상을 볼 수 있다.

상(上) 중(中) 하(下)

하!

氣

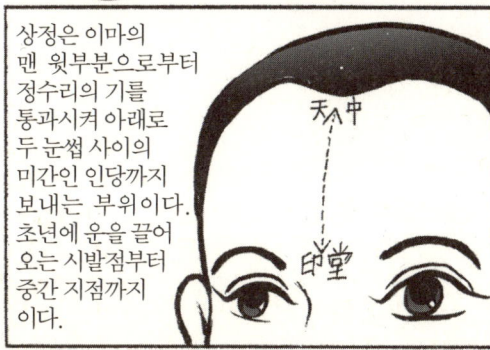

상정은 이마의 맨 윗부분으로부터 정수리의 기를 통과시켜 아래로 두 눈썹 사이의 미간인 인당까지 보내는 부위이다. 초년에 운을 끌어오는 시발점부터 중간 지점까지이다.

天中

印堂

상정 관상법

상정은 앞이마 전체이다. 확 드러나고 살이 있어야 하며 골격이 분명해야 한다. 고르고 둥글며 넓어야 좋은 관상이다. 초년에 운이 있고 총명하며 명랑하다. 부모의 도움을 많이 받는 운이라면 반드시 일월각(日月角) 부위가 약간 둥글게 튀어나와야 한다. 측면에서 보았을 때 이마는 다음의 세 가지 형태로 나눌 수 있다.

- 튀어나온 이마 : 활동적이며 활력이 충족하다. 청소년 시기에 귀인의 도움이 있고 명랑하며 감정이 풍부하다.
- 평평한 이마 : 성격이 안정적이고 무게가 있다. 이마가 넓고 살이 있으면 총명하고 운이 일찍 핀다.
- 기울어진 이마 : 경망스럽고 결단력이 부족하며 쉽게 포기한다. 청소년 시기에 착실하지 못하여 운의 기복이 있다. 상정이 비교적 길면 일생의 중요한 전환점이 청소년 시기에 있음을 나타낸다.

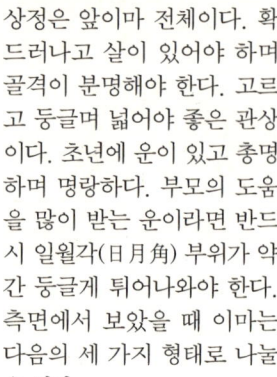

불평하지 마!

일월각 부위가 약간 둥글게 튀어나왔다.

측면에서 본 이마의 상 — 튀어나온 이마 / 평평한 이마 / 기울어진 이마

저는 부모의 도움이 적었으니 일월각이 튀어나오지 않았지요?

알았다고요…

하지만 네 이마가 훤하고 살이 있으니 나처럼 훌륭한 사부를 만났잖아. 무슨 불평이야?

중정 관상법

중정은 얼굴 전체에서 중앙에 있다. 코·뺨·귀·눈 등 중요한 네 부위가 모두 중정에 있어서 매우 중요하다. 중정이 약간 긴 사람은 일생의 가장 중요한 전환점이 중년에 있음을 나타낸다. 이런 사람은 성취욕이 매우 강하고 중년운이 강하다. 만약 중정의 각 기관이 모두 잘생기면 반드시 큰일을 하며 공훈과 업적을 세운다. 크게 성취한다.

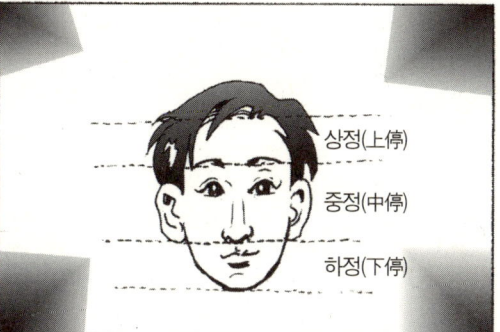

부질없어요

우리는 중정이 약하네요.

작가님, 우리 중정을 좀 기세 있게 그려 주면 안 돼요?

당신들은 만화 속에서 영원히 사는데 중정이 좋으면 뭐하려고요?

하정 관상법

하정은 인중, 입, 아래턱과 양쪽 아래 뺨 부위를 말한다. 이 일대가 살이 있고 풍만하면 복이 있다. 말년운이 있고 복과 윤택함을 누릴 수 있는 관상이다. 인중은 반드시 깊고 움푹 들어가야 건강하고 장수할 수 있으며 복이 깊이 감추어져 있다고 할 수 있다. 만약 전체 하정이 상정과 중정에 비해 약간 길다면 그 사람은 말년운의 영향이 크다는 것을 나타낸다. 단, 길어도 살이 있어야 복과 운이 있다.

이상한 얼굴

긴 하정

우리는 하정이 약하네요.

짧은 하정

수염으로 보완할 수 있지.

정말 이상해.

이상한 사람이군.

이상한 관상이야.

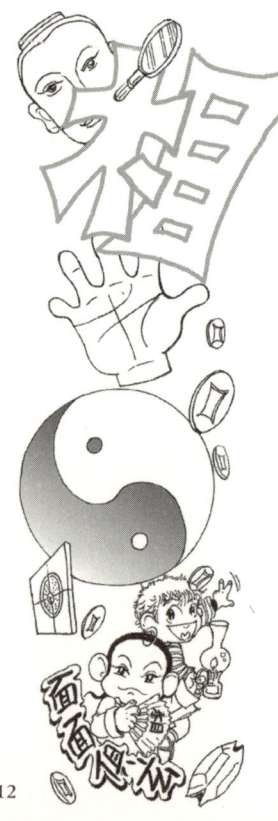

10

六府
육부

육부(六府)
이마 부위의 좌우 천창(天倉)과
좌우의 광대 그리고 좌우 아래
뺨의 여섯 부위. - 역자 주

육부

육부는 오관의 관저이다. 관이 높고 크면 그 육부 역시 상대적으로 잘생겨야 장점을 발휘할 수 있으며 큰 포부가 생긴다. 한 사람이 얼마나 큰 성취를 이루는가를 볼 때는 오관의 생김새와 함께 육부와 조화를 이루는가를 보아야 한다. 오관은 좋은데 육부에 결함이 있으면 의심이 커서 크게 발전하기 어렵다. 그래서 작은 성취는 이루지만 큰일을 하기는 어렵다. 반대로 오관 육부가 잘 갖추어지면 큰 부를 이루고 귀하게 되며, 일반인을 뛰어넘는 재주와 능력을 갖추게 된다. 일생 반드시 좋은 기회를 얻게 된다.

초소형 관저

관료가 되었다고!

뭐야? 저게 내 관저라고? 왜 저렇게 작지?

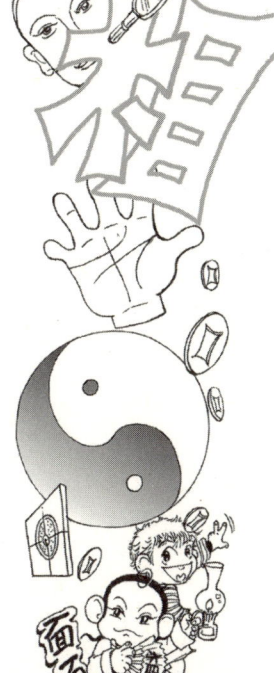

불쌍한지고! 내 관저를 보라고.

얼마나 으리으리 하냐!

상부 관상법

상부는 좌우의 태양혈 부위이다. 앞이마의 양쪽 가장자리로, 넓게 드러난 것이 가장 좋다. 바깥쪽이 넓으면 재운이 있다. 이 부위를 '천창'이라고 하는데 주로 어린 시절 재운과 일생의 자금 유통 및 수중에 가용할 수 있는 돈이 많은지 적은지를 관장한다. 이 부위가 넓고 살이 많을수록 일찍 재물을 얻으며 유동자금이 충분하다. 이마와 눈썹까지 잘생기면 반드시 일찍 운이 피고 초년에 뜻을 이룬다.

재물은 눈에 나타나지 않아

결함이 있는 상부

이마 양쪽 가장자리의 천창에서 가장 좋지 않은 상은 움푹 들어간 것이다. 이런 상부를 가진 사람은 이마와 눈썹이 아무리 잘생겨도 복이 크게 깎일 수 있다. 총명하지만 기회를 잡지 못하는 경우가 많다. 애정운에도 영향을 주고, 감정이 쉽게 요동치며 성격도 불안정하다. 양쪽 가장자리가 좁으면 경제적으로 힘들고 초년에 고생하며 성공하기 어렵다. 또 양쪽 가장자리 천창 부분에 잔털이 많으면 초년에 공부 스트레스가 심하거나 가정에서 경제적으로 문제가 많았음을 나타낸다. 초년에 운의 흐름이 순조롭지 못한 관상이다.

이상한 천창

상부가 움푹 파인 경우

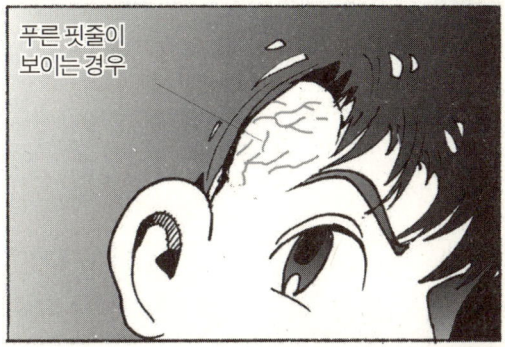

푸른 핏줄이 보이는 경우

양쪽 가장자리가 좁은 경우

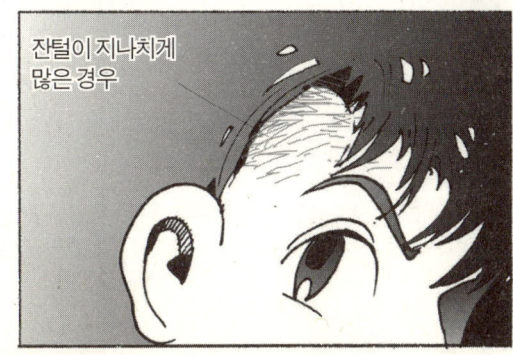

잔털이 지나치게 많은 경우

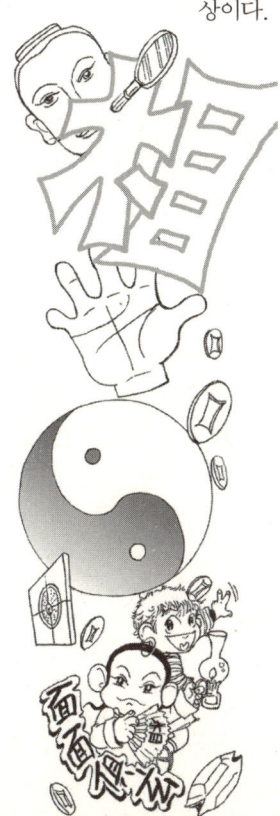

중부의 관상법

중부는 두 광대뼈(관골)을 감싸고 있는 부위이다. 확 트이고 넓으면서 살이 감싸고 있어야 좋다. 양쪽 가장자리에 광대뼈가 풍성하고 두터우면서 기세가 있고 조화를 이루면 아주 좋다. 실권을 가지며 남 밑에 있지 않는다. 살이 있으면 재물이 있는 것이다. 인간관계가 원활하고, 사람과 교제할 때에도 수완이 좋다. 반대로 얼굴이 좁고 살이 부족하면 턱과 코가 좋아도 중책을 맡아 큰일을 하기 어렵고 크게 성취하기가 힘들다. 만약 눈과 코가 모두 약하면 중년에 운이 없고 아무리 노력을 해도 일어서기 힘들다. 중부가 잘생기면 재테크를 잘 하며 돈 버는 능력이 강함을 나타낸다.

천하를 호령할 수 있다

난 권력을 쟁취할 거야. 남 밑에는 안 가!

얼굴이 좁고 살이 부족하면 광대와 코가 아무리 좋아도 중책을 맡긴 힘들어.

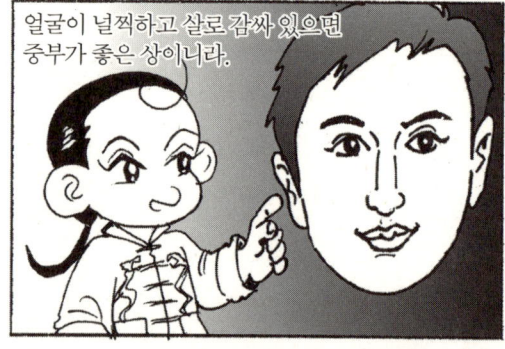

얼굴이 널찍하고 살로 감싸 있으면 중부가 좋은 상이니라.

광대와 코까지 좋으면 천하를 호령할 수 있느니라.

광대가 낮고 코가 작으면서 중부가 넓은 상

깊이 감추어져 있고 드러나지 않아야 좋아

외모가 평범한데(보통 코가 낮고 광대뼈가 약한 경우) 상업 분야에서 크게 성공하거나 사장을 하는 사람이 있다. 이런 사람들은 반드시 얼굴 양 가장자리가 넓으면서 살이 있는 경우이다. 이런 상을 가진 사람들은 야심은 없지만, 항상 물 흐르듯이 자연스럽게 자기 일을 묵묵히 하며 세상과 다투지 않아 오히려 여러 가지 장애를 피할 수 있다. 그래서 중년을 안정적으로 넘기게 된다. 반대로 광대와 코가 높고 튀어나왔으며 얼굴이 지나치게 좁은 사람은 크게 일어났다가도 크게 실패하며 야욕이 너무 커서 그 대가를 치르게 된다.

하부

하정의 양쪽 얼굴 부분인 하부는 반드시 통통하고 살이 있어야 한다. 너무 뾰족하고 살이 없으면 안 된다. 왜냐하면 이 부위는 부동의 자산을 나타내고 저축 능력의 강약을 나타내기 때문이다. 푹 들어간 것은 빚이 있고 돈이나 재산, 저축이 불어나지 않는 것을 나타낸다. 통통하게 얼굴이 넓으면 지고(地庫)에 재물이 가득한 것으로, 반드시 의식주가 충족되는 상이다. 특히 도량이 넓어서 아랫사람의 지지와 옹호를 받는다. 말년에 좋은 운이 오는 상이다.

달라진 게 없어

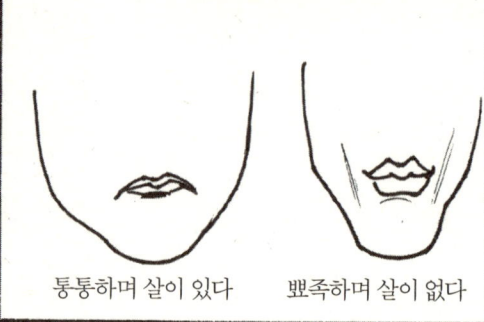

통통하며 살이 있다 / 뾰족하며 살이 없다

당신은 하부가 뾰족하고 살이 없네요.

미친 듯이 먹어야지! 이렇게 먹는데 하부에 살이 안 찌겠어?

일주일 후

그동안 진탕 먹었는데도…

배만 쪘지 얼굴은 그대로네.

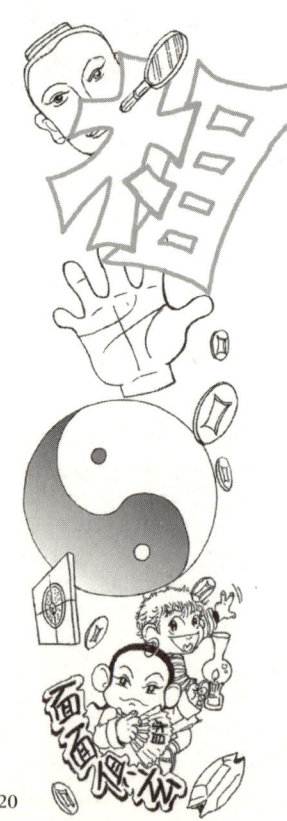

하부와 입

하부는 입 부위의 성공과 실패, 득과 실의 여부를 관장한다. 입이 잘생기면서 양쪽 뺨에 살이 있어야 보조하는 힘이 있다. 양쪽 턱도 풍만하여 푹 꺼진 부분이 없어야 좋다. 이 부위는 여유로움과 풍족함, 좋은 금전운, 풍요로운 가문, 지출보다 수입이 많음 등을 나타낸다. 어떤 사람은 입의 생김새가 부족하고 얇아서 도리로 따지자면 먹고 입는 것이 부족한데, 다행히 하부가 풍만하여 경제력이 괜찮다. 다만 몸이 좋지 않아서 가리는 음식이 많고 성격이 고집스러워 유쾌하게 살지 못할 따름이다. 만약 입이 크고 넓은데 하부가 약하면 대부분 고생스럽게 일하여 돈을 번다. 밤낮으로 일을 해도 남는 돈이 없다.

여러분 부자 되세요!!!

입이 잘생기고 양쪽 뺨에도 살이 많아야 재물이 모인다.

입이 넓고 큰데 하부가 약하면 돈 때문에 고생한다.

부동산 부자들은 하부가 풍만하지.

여러분~ 모두 하부가 강해져서 말년에 풍족하시기를 기원합니다!

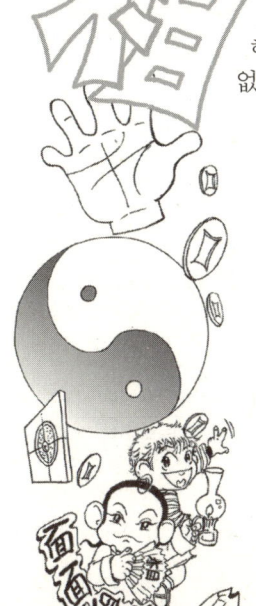

작가 소개 이티앤성(易天生)

10세에 관상을 배우기 시작해서 12세에 관상을 보기 시작했다. 유년기부터 이미 천부적인 예지력으로 무수히 많은 관상을 보았으며, 수상·관상·사주·점괘에 두루 정통하다. 오랫동안 여러 신문(東方, 太陽, 萍果 및 新報)과 주간잡지(新玄機, 風水地理, 忽然一週)에 글을 발표했으며, 각종 학문을 결합하여 일파를 이루었다. 저술을 통하여 이론을 정립하고 신세대 현학(玄學)의 새 지평을 열었다.

최근에는 무선 TV「都市閒情」과 아시아TV「潮流速遞」프로그램에 출현하여 '어린이 손금 보는 법'을 강의하였다. 어떻게 하면 부모와 관계가 좋아지고 아이의 잠재능력을 발휘할 수 있는지에 관한 내용이었다. 新城방송국 프로그램『好報熱線』에 초대되어 패널로 출현한 홍콩 연예인과 함께 관상과 오행성명학으로 즉석에서 청중들과 즉문즉답을 진행했다. 2004년『忽然一週』잡지에「最强鷄年運程天書」를 연재하였고,「2005買樓邊處好」를 발표하여 '주역'의 괘상으로 당시 홍콩의 부동산 시장을 전망하기도 했다. 당시 홍콩 현학계 '8대 명인'에 들었으며, 현재 신세대 명리학자 가운데 최고 엘리트로 꼽히고 있다.

현재「중국명리관상학대계」,「명리와 관상의 이해」,「현학통찰대계」,「심상선(心相禪) 대계」등의 시리즈물을 창작하고 있으며, 계속 출간할 예정이다.

※ 이티앤성은 '사지영(謝志榮)'이라는 필명으로 만화가로 활동하고 있다.